Anne Eicken

Mit Montessori
die Rechtschreibung begreifen
Klasse 1

Kreative Lernangebote zum
richtigen Schreiben für jeden Schüler

Gedruckt auf umweltbewusst gefertigtem, chlorfrei gebleichtem und alterungsbeständigem Papier.

1. Auflage 2015
Nach den seit 2006 amtlich gültigen Regelungen der Rechtschreibung
© Auer Verlag
AAP Lehrerfachverlage GmbH, Donauwörth
Alle Rechte vorbehalten
Das Werk und seine Teile sind urheberrechtlich geschützt. Jede Nutzung in anderen als den gesetzlich zugelassenen Fällen bedarf der vorherigen schriftlichen Einwilligung des Verlages. Hinweis zu § 52 a UrhG: Weder das Werk noch seine Teile dürfen ohne eine solche Einwilligung eingescannt und in ein Netzwerk eingestellt werden. Dies gilt auch für Intranets von Schulen und sonstigen Bildungseinrichtungen.
Illustrationen: Corina Beurenmeister
Satz: Typographie & Computer, Krefeld
Druck und Bindung: Kessler Druck + Medien, Bobingen
CD/DVD-Pressung: optimal media production GmbH, Röbel / Müritz
ISBN 978-3-403-07524-0

www.auer-verlag.de

Inhaltsverzeichnis

A. Theorie 4

1. Was, warum und wer – zum Anliegen dieses Buches 4

2. Rechtschreibung im Anfangsunterricht –
   Notwendigkeiten, Möglichkeiten und Grenzen 8

3. Kreatives Schreiben im Anfangsunterricht –
   Notwendigkeiten, Möglichkeiten und Grenzen 12

4. Grundprinzipien der Montessoripädagogik –
   von Bauplänen, sensiblen Phasen und einer vorbereiteten Umgebung 17

B. Unterrichtspraxis 22

1. Trockenübungen 22
   1.1 Festigung der Laut-Buchstaben-Zuordnung 22
       1.1.a Schreiben mit dem Buchstabenhaus 22
       1.1.b Die aufgedruckten Buchstaben 23
   1.2 Die Arbeit mit besonderen Wörtern 24
       1.2.a Der Doppelkonsonantenkoffer 24
       1.2.b Die Phonogrammkiste 25
   1.3 Erste Rechtschreibregeln 26
       1.3.a Die Nomenkiste 26
       1.3.b Die Verbenkiste 27
   1.4 Die Arbeit mit den beweglichen Pfeilen: Der Punkt 28
   1.5 Mit Reimübungen Schreibmuster erkennen: Die Reimwörterkiste 29
   1.6 Das Abschreiben: Eigene Texte abschreiben 30

2. ... und erste Schwimmversuche (kreative Schreibanlässe) 31
   2.1 Sammelleidenschaft 31
       2.1.a Wörterlisten 31
       2.1.b Das Lexikon der schönen Dinge 32
       2.1.c Die Reimwörtersammlung 33
       2.1.d Lieblingswörter der Woche 34
   2.2 Beschriftungen: Im Klassenzimmer 35
   2.3 Erste Sätze wie ein Dichter 36
       2.3.a Das Akrostichon 36
       2.3.b Das Notarikon 37
       2.3.c Das Elfchen 38
   2.4 Erste Texte 39
       2.4.a Gemeinsam sind wir stark: Reihumgeschichten 39
       2.4.b Minibücher schreiben 40

C. Kopiervorlagen 41

D. Literaturhinweise 72

1. Was, warum und wer – zum Anliegen dieses Buches

Was?

Dieses Buch versteht sich als Einladung zum Stöbern und Ideenbekommen, zum Nachdenken, Umdenken, Weiterdenken, zum Innehalten und Fortschreiten, zum Nachmachen, Ausprobieren und Abwandeln, zum kritischen Widersprechen und erkennenden Zustimmen ...

Lassen Sie sich inspirieren, Ihren Unterricht weiterzuentwickeln, auszuprobieren, was Sie bisher vielleicht (noch) nicht gewagt haben und weiterzudenken, was mit diesem Buch begonnen wurde. Im Laufe meines (Berufs-)Lebens haben mich immer wieder Menschen und/oder deren Bücher zu Veränderungen und Weiterentwicklung angeregt – dies möchte ich nun in Form des vorliegenden Praxisbuches weitergeben.

Es ist sowohl Materialquelle als auch kritische Auseinandersetzung mit dem Thema **Rechtschreibung**, kleiner Einblick in die **Montessoripädagogik** und Überblick über Funktion, Notwendigkeit und Grenzen des **Kreativen Schreibens** in der Grundschule – und damit hoffentlich „Appetitmacher" auf mehr Kreativität beim Schreiben!

Im Teil „Unterrichtspraxis" (B) dieses Buches finden Sie immer wieder Hinweise auf die entsprechenden Seiten im Theorieteil (A). Somit können Sie sich gleich mit der Umsetzung der zahlreichen Ideen beschäftigen. Sollten Sie jedoch bezüglich des einen oder anderen oben genannten Themas Unsicherheit verspüren, empfehle ich Ihnen, sich zunächst mit den theoretischen Überlegungen zu beschäftigen. Meine eigene Erfahrung hat gezeigt, dass es im täglichen Unterricht unabdingbar ist, selbst genau zu wissen, warum man diese oder jene Methode einsetzt, oder wie ein Material einzuführen und zu handhaben ist. Sind eigene Unsicherheiten oder Unklarheiten vorhanden, spiegeln das die Schüler auf unterschiedlichste Weise wieder – und im schlechtesten Fall kommt man zu dem Schluss, dass die Methode oder das Materialangebot „eben nichts war".

Damit Sie die im Teil „Unterrichtspraxis" vorgestellten Übungen möglichst schnell und unkompliziert in Ihrem Unterricht umsetzen können, sind in diesem Band zahlreiche Kopiervorlagen (C) enthalten. Die Kopiervorlagen, die Sie für das detailliert beschriebene Einsatzbeispiel benötigen, finden sich sowohl im Buch 📖 als auch als veränderbare Word-Dokumente auf CD 💿. Die Kopiervorlagen, die darüber hinaus für mögliche Variationen verwendet werden können, sind nur auf der CD. Auf Seite 41 sind alle Kopiervorlagen übersichtlich aufgelistet.

Warum?

Im Laufe der vergangenen Jahre hatte ich immer wieder das Glück, Menschen zu begegnen, die mich inspiriert und mir Mut gemacht haben, meinem eigenen „Bauchgefühl" zu vertrauen. Und das nicht nur allgemein im Leben, sondern gerade in der Schule als Lehrerin. Meiner Meinung nach ist es nicht wichtig, eine Methode genau so und nicht anders umzusetzen, wie sie entwickelt und beschrieben wurde, sondern diese Methode für die Schüler, denen wir tagtäglich begegnen, anzupassen und für sie abzuändern. Lange Jahre habe ich zum Beispiel versucht, die Ideen Maria Montessoris exakt so umzusetzen, wie sie von ihr selbst beschrieben worden sind. Interessanterweise traf ich immer wieder auf Kollegen[1], die das Gleiche taten wie ich, deren Unterricht sich jedoch erheblich von meinem unterschied. Wir hatten die gleichen Bücher gelesen und doch setzten wir das Gelesene ganz unterschiedlich um, weil jeder von uns eine andere Lesart hatte. Und wie oft agierte ich anders, als ich es instinktiv gewollt

---

[1] Aufgrund der besseren Lesbarkeit ist in diesem Buch mit Kollege auch immer Kollegin gemeint, ebenso verhält es sich mit Lehrer und Lehrerin, Schüler und Schülerin etc.

hätte, nur, weil ich einen Satz von Maria Montessori im Kopf hatte oder weil wir uns im Kollegium geeinigt hatten, dieses oder jenes (nicht) zu tun – im Sinne Maria Montessoris.

Ich möchte mit diesem Buch zeigen, dass es sich lohnt, sich mit reformpädagogischen Ideen (in diesem Fall mit der Montessoripädagogik, siehe Kapitel A.4 dieses Buches) auseinanderzusetzen, um für sich einen Standpunkt darüber zu entwickeln, was im Unterricht wichtig ist, wo man vielleicht noch Fortbildungsbedarf hat, wo man etwas Neues ausprobieren und was man nicht (mehr) praktizieren möchte, weil man eine andere Auffassung dazu entwickelt hat.

Ich möchte Sie dazu ermutigen, Dinge in Ihrem Unterricht zu ändern, wenn Sie fühlen, dass Sie es ändern müssen. Ich wünsche mir, dass wir uns als Kollegen gegenseitig stärken, die Angst vor dem Versagen nicht (mehr) an die Schüler weiterzugeben und althergebrachte und schlichtweg falsche Theorien über das Lernen (hier besonders in Bezug auf den Rechtschreibunterricht) über Bord zu werfen und andere, sinnvollere Methoden im Unterricht anzuwenden.

Es geht mir in diesem Buch nicht darum, das Rad neu zu erfinden oder eine neue Methode des Rechtschreibtrainings zu entwickeln. Sicherlich werden Ihnen einige Praxisvorschläge bekannt vorkommen. Aber Kreatives Schreiben hat sich in der Schule noch immer nicht als selbstverständliches Unterrichtselement durchgesetzt – schon gar nicht in Verbindung mit dem Rechtschreibunterricht. Manche meinen sogar, Kreatives Schreiben und Rechtschreibunterricht würden sich gegenseitig ausschließen. Doch welchen Sinn macht der Rechtschreibunterricht, wenn er den Schülern nicht hilft, ihre Texte für andere verständlich zu machen? Und wozu sollen Kinder Schreiben lernen, wenn es nicht dem Zweck dient, sich selbst auszudrücken? Erlebnisaufsätze, Briefe oder auch Gedichte und Rezepte, wie sie im gängigen Unterricht oftmals verfasst werden, sind nicht dazu da, den Selbstausdruck zu üben. Hier geht es lediglich darum, bestimmte formale Kriterien zu beachten, wobei der Inhalt in den Hintergrund tritt. Viel zu selten erleben Schüler, dass ihre Texte wirklich eine Bedeutung haben. Viel zu selten erfahren sie, wie viel Spaß es macht, sich selbst eine Geschichte auszudenken – mit dem Kopf zu verreisen und (wieder) innere Bilder zu entwickeln. Dies ist für das eigene Hineinwachsen der Kinder in die Welt ungemein wichtig (Näheres zu den Funktionen des Schreibens in Kapitel A.3). Ich möchte in diesem Buch auch auf die Wichtigkeit des Kreativen Schreibens in der Schule aufmerksam machen – besonders, wenn es um den Rechtschreibunterricht geht – und Ihnen Ideen vorstellen, wie man diesen kindgerecht und möglichst gewinnbringend gestalten kann.

Natürlich wird es immer wieder Schüler geben, die Sie mit den hier vorgestellten Materialien und Schreibanregungen nicht erreichen. So vielfältig die Methoden sind, die Sie in Ihrem Unterricht einsetzen können, so unterschiedlich sind auch die Schüler. Wir können als Lehrer immer nur eine gewisse Bandbreite an Lernangeboten zur Verfügung stellen (nämlich die, die wir selbst für gut befinden!). Ob die Schüler einer Klasse aber alle in der Lage sind, diese für sich anzunehmen, liegt nicht in unserer Hand, denn auf manche Faktoren haben wir leider keinen Einfluss.

Wer?

Neun Jahre lang war ich an einer privaten Montessorischule tätig, bevor ich den Entschluss fasste, wieder in den staatlichen Schuldienst zurückzukehren. Seitdem versuche ich, meinen Unterricht so zu gestalten, dass er sich weiterhin an reformpädagogischen Ideen orientiert, vor allem an der Montessoripädagogik, und das Kreative Schreiben als Unterrichtsprinzip und nicht nur als Zusatzangebot berücksichtigt. Ich habe nun ein eingeschränkteres Materialangebot, muss Schulbücher und dazugehörige Arbeitshefte mit einbeziehen und bin dafür verantwortlich, dass bestimmte Lernziele bzw. Kompetenzen am Ende einer Klassenstufe möglichst von allen Kindern auch erreicht werden. Der Zeitdruck ist also höher, es gibt keine Montessorimaterialien und die Freiarbeit gilt nicht als vorherrschendes Unterrichtsprinzip. Aber gerade diese scheinbar ungünstigen Faktoren haben mir gezeigt, dass es manchmal wichtiger ist, Kreativität und Begeisterung vorzuleben, statt immer das perfekte Lernmaterial anbieten zu können oder immer sofort eine Lösung parat zu haben. Gemeinsam mit den Schülern das Materialangebot wachsen zu lassen, empfinde ich mittlerweile als viel effektiver. Die vorbereitete Umgebung, wie sie von Maria Montessori beschrieben wird, ist bei mir nicht mehr der perfekt ausgestattete Klassenraum, sondern ein Raum der Möglichkeiten, der sich verändern darf und zulässt, dass ausprobiert wird. Im Lehrmittelraum unserer Schule habe ich wunderbares Material entdeckt, das sich als „montessoritauglich" erwies und sich sinnvoll im laufenden Unterricht einsetzen lässt. Damit lassen sich ganz unterschiedliche Übungen entwickeln und ich bin sicher, auch in Ihrer Schule gibt es so manchen unbeachteten Schatz! Sie werden in diesem Buch also auch Anregungen zum Umwandeln von Material oder Variationen der Handhabung finden. Auf diese Weise wächst Ihr Materialangebot für die Schüler recht schnell, ohne dass Sie einen zu großen Arbeits- und Kostenaufwand zu betreiben brauchen. Denn Rechtschreibübungen sind ja nur ein Teil des Unterrichts, den wir vor- und nachbereiten müssen!

Was ich in diesem Buch vorstelle, ist als Substrat vielfältigen Ausprobierens zu verstehen und zeigt meine persönliche Vorliebe für das Kreative Schreiben. Die Materialien habe ich im Unterricht während der vergangenen Jahre verwendet und sie sind deshalb auf „meine" Kinder zugeschnitten, auch wenn ihre Grundstruktur allgemeingültig ist. Aus diesem Grund gibt es auch Blanko-Vorlagen, denn nicht immer kann man die Vorschläge für seine Klasse einfach so übernehmen. Ich versuche auch stets, Variationen der Handhabung zu beschreiben, damit Sie die Möglichkeit haben, die Materialien vielfach einzusetzen und auf Ihre Schüler anzupassen. Aus eigener Erfahrung weiß ich, dass man eigentlich für jede Lerngruppe die Materialien ein wenig verändern muss, um sie optimal nutzen zu können. Manchmal ist es gewinnbringender, ein Material im Klassenverband einzuführen und mit den Gruppenübungen zu beginnen. Dies kann in einer anderen Klasse oder bei einem anderen Material genau umgekehrt sein. Manchmal ist ein Material aber auch überhaupt nicht für eine größere Gruppe zu verwenden. Probieren Sie einfach aus, beobachten Sie, spielen Sie mit den Vorschlägen und entwickeln Sie eventuell neue Ideen. Wichtig finde ich allerdings, dass Sie selbst Spaß an der Arbeit mit einem Material haben. Lassen Sie Übungen oder Materialien weg, zu denen Sie keinen Zugang bekommen. Sie werden den Schülern sonst kaum eine wirkliche Lernerleichterung schaffen! Verfahren Sie lieber nach dem Motto „weniger ist mehr", denn in einer Welt, in der die Kinder eher überreizt sind, als dass ihnen Anregungen fehlen, ist eine überschaubare Auswahl an Lernangeboten oftmals besser als eine Fülle an Möglichkeiten.

Mein ganz persönliches Anliegen ist eine Art „Entschleunigung" des Lernens, das man automatisch erreicht, wenn man den Schülern wieder Material zum Hantieren anbietet. Sie werden feststellen, dass die Arbeit mit Montessorimaterialien oder montessoritauglichem Material langsamer vonstattengeht, als das Ausfüllen eines Arbeitsblattes oder die Bearbeitung einer Seite im Arbeitsheft. Gerade Kindern mit einer Lernschwäche kommt die Arbeit mit konkret begreifbarem Material zugute. Somit haben Sie automatisch eine Differenzierung des Lernstoffs erreicht. Wenn Sie die Materialien auch in Freiarbeitsphasen zur Verfügung stellen, können Sie auf diese Weise das Lernen sogar individualisieren.

Als ehemalige „Montessorilehrerin" habe ich die Vor- und Nachteile von Freiarbeit und individuellem Lernen jahrelang selbst erfahren und für mich analysiert. Dabei bin ich zu dem Schluss gekommen, dass eine gut ausgewogene Kombination von gebundenen und individuellen, aber auch ganz freien Arbeitsphasen den Schülern am ehesten gerecht wird. Probieren Sie mit Ihrer Klasse aus, wie viel freie Arbeitszeit die Kinder benötigen, damit sie sich einen Lernstoff wirklich erarbeiten können. Auch wenn die Materialvorschläge in diesem Buch vor allem für die individuellen oder freien Arbeitsphasen gedacht sind, so können sie teilweise auch im gebundenen oder eher gelenkten Unterricht eingesetzt werden. Gerade Übungen zum Kreativen Schreiben lassen sich oftmals besser in der Gruppe durchführen, da die Schüler von den Ideen ihrer Klassenkameraden profitieren und durch das Veröffentlichen auch gleich der Sinn des Schreibens erkennbar wird: Texte brauchen ein „Publikum", um ihre Wirkung ganz entfalten zu können.

Ich möchte Sie mit diesem Buch also auch dazu ermutigen, den Fokus auf das Kreative Schreiben zu lenken, denn es ist neben einer guten Rechtschreibkompetenz ebenso wichtig, dass die Kinder (wieder) lernen, Sprache in all ihrer Vielfalt zu gebrauchen und ihre eigene „Sprache" zu finden. Beim Schreiben kommen sie sich selbst näher, innere Bilder, die sie durch ständigen Medienkonsum kaum noch entwickeln, können wieder entstehen. Lenken Sie die Aufmerksamkeit auf das, was das Schreiben als eine der jüngsten Kulturtechniken ausmacht: als Mittel zur Kommunikation und zum Verstehen der Welt, als Ausdruck der eigenen Persönlichkeit und als kreativer Akt. Veröffentlichen Sie die Texte der Kinder, laden Sie sie zum Sprechen über ihre Texte ein und lassen Sie sie auf diese Art und Weise selbst erfahren, dass Rechtschreibübungen sinnvoll sind – nicht nur, um eine gute Note im Diktat zu bekommen!

2. Rechtschreibung im Anfangsunterricht – Notwendigkeiten, Möglichkeiten und Grenzen

Notwendigkeiten

In der Regel ist der Lese- und Schreiblernprozess nicht am Ende des ersten Schuljahres abgeschlossen. Bis Lesen und Schreiben automatisiert sind und wirklich von allen Schülern beherrscht werden, vergeht unterschiedlich viel Zeit. Dies sollte Ihnen stets bewusst sein, wenn Sie die Aufmerksamkeit auf Rechtschreibung lenken. Manche Schüler sind damit noch bis weit in die weiterführende Schule überfordert, anderen fällt es von Anfang an leicht, sich Regeln zu merken und anzuwenden. Ich halte es jedoch für wichtig, den Schülern so früh wie möglich einen Einblick in die gesellschaftlich vereinbarten Regeln hinsichtlich der Rechtschreibung zu geben und ihnen auf diese Weise Hilfen anzubieten, damit ihre Texte wahrgenommen und ernst genommen werden. Außerdem können Sie mit gezielten (Rechtschreib-)Übungen den Schreiblernprozess unterstützen und den Schülern helfen, die nächste zu erklimmende Stufe zu erreichen.

Laut-Buchstaben-Zuordnung

Zunächst einmal geht es beim Erlernen des Lesens und Schreibens um die Festigung der Laut-Buchstaben-Zuordnung. Den Schülern muss klar sein, dass zu jedem gesprochenen Laut ein entsprechender Buchstabe gehört, bzw. eine Buchstabenkombination. Da sehr viele Wörter in unserer Sprache lautgetreu geschrieben werden, ist diese grundlegende Regel von größter Bedeutung. Denn wenn es den Schülern gelingt, für jeden gesprochenen Laut den richtigen Buchstaben bzw. die richtige Buchstabenkombination zu schreiben, können sie sicher sein, einen sehr großen Teil ihres Textes richtig verfasst zu haben. Die Schwierigkeit besteht aber darin, Laute aus einem „Lautbrei" herauszuhören, d. h. ein Wort in seine Einzellaute zu zerlegen, sich den dazugehörigen Buchstaben zu merken und diesen dann noch richtig aufzuschreiben. Besonders schwer fällt das, wenn ein Laut durch eine ganz bestimmte Kombination von Buchstaben repräsentiert wird. Typisch sind Auslassungsfehler oder falsche Zuordnungen von Laut und Buchstabe(nkombination), was aber als normaler Entwicklungsschritt im Schreiblernprozess zu sehen ist. Hier kann mit gezielten Übungen vor allem die Zuordnung von Laut und Phonogramm erleichtert werden.

Buchstabenhaus

Besonders geeignet sind meiner Meinung nach Übungen mit der Anlauttabelle bzw. mit dem Buchstabenhaus (siehe Seite 22). Das Buchstabenhaus ist eine Anlauttabelle zum Anfassen: In die Fächer eines alten Setzkastens (bzw. in zwei Setzkästen) werden die Buchstaben und Phonogramme geklebt. Dann suchen Sie Gegenstände, die den Buchstaben bzw. die Buchstabenkombination im Anlaut haben und in das entsprechende Fach passen. Falls dies zu schwierig wird, können Sie auch Bilder von Gegenständen in die Fächer einsortieren. Es bietet sich an, bei Phonogrammen, die im In- oder Auslaut vorkommen (z. B. bei „ch" und „ng"), dies mit drei Pünktchen anzuzeigen, wie es auch bei den Anlauttabellen gehandhabt wird. Außerdem sollten diese Phonogramme in benachbarte Fächer sortiert werden, sodass sie leichter zu finden sind. Buchstabenhäuser können ansonsten auch nach dem Abc sortiert werden, da den Schülern die meisten Buchstaben bereits bekannt sind, wenn sie sich mit den Phonogrammen beschäftigen. Auf diese Weise kann das Buchstabenhaus zu einem späteren Zeitpunkt für das Festigen des Abc genutzt werden. Buchstabenkombinationen können dann nach dem letzten Buchstaben „Z z" nach den Regeln des Alphabets einsortiert werden (also erst „Au au", dann „Ch ch", „Ei ei" usw.). Dies können Sie jedoch ganz nach Ihren persönlichen Vorlieben entscheiden. Das Buchstabenhaus ist eine Version der Anlautsäckchen oder Anlautkisten aus der Montessoripädagogik. In diesen Säckchen oder Kisten sind mehrere Gegenstände, die den betreffenden Buchstaben im Anlaut haben, gesammelt. So erfahren die Schüler auch die unterschiedliche Aussprache eines Buchstabens (z. B. bei „Elefant" und „Ente"). Dieses Material ist jedoch für den Buchstabenerwerb konzipiert und für

A. Theorie: 2. Rechtschreibung im Anfangsunterricht – Notwendigkeiten, Möglichkeiten und Grenzen

Rechtschreibübungen nicht so ergiebig. Mit dem Buchstabenhaus als „Anlauttabelle zum Anfassen" lassen sich Lautierübungen gezielter durchführen.

aufgedruckte Buchstaben

Ein weiteres Übungsmaterial, mit dem Sie die Laut-Buchstaben-Zuordnung festigen und auch Abschreibübungen etwas anders anbieten können, sind die „aufgedruckten Buchstaben" (siehe Seite 23). Dieses Montessorimaterial kann man leicht nachmachen oder vorhandenes Material als solches nutzen. Hier handelt es sich um Plastikkärtchen, die es in Blau und Rot gibt. Auf der einen Seite befindet sich der Großbuchstabe, auf der anderen der Kleinbuchstabe. Es gibt jedoch auch Ausführungen, die große und kleine Buchstaben nicht kombinieren und diese auf getrennten Kärtchen anbieten. Da das Material im Original sehr teuer ist, können Sie sich die Kärtchen entweder selbst herstellen (siehe KV 4) oder bei günstigen Lehrmittelherstellern ähnliche Produkte kaufen. Manchmal befindet sich aber auch im Lehrmittelraum ein Satz alter Buchstabenkärtchen oder Sie nutzen die Buchstaben von Magnettafeln. Falls Sie vorhandenes Material umfunktionieren, sollten Sie darauf achten, dass Phonogramme oder bestimmte Buchstabenkombinationen rot unterlegt werden, damit die Schüler beim Legen eines Wortes eine optische Hilfe haben. Sie können z. B. „a" und „u" mit einem wasserfesten Folienstift auf einem Teil der Kärtchen rot markieren und das Kind darauf hinweisen, diese roten Buchstaben für ein „au" zu verwenden. Manchmal sind Phonogramme auch bereits auf Extrakärtchen gedruckt.

Phonogramm-kisten

Maria Montessori entwickelte zum Erlernen und Einüben von Phonogrammen spezielle Phonogrammkisten, die zur Einführung gedacht sind (siehe Schumacher, 2013) und sich ebenfalls ganz leicht selbst herstellen lassen. Suchen Sie dafür Gegenstände, die das entsprechende Phonogramm enthalten (z. B. ein kleines „**Au**to", ein „bl**au**es" Tuch, das Bild eines „**Au**ges" usw.). Fertigen Sie Wortkarten an, auf denen die Bezeichnung des Gegenstandes richtig geschrieben steht und sich das Phonogramm farblich abhebt (siehe Seite 25).

Nomen

Eine weitere Notwendigkeit des Anfangsunterrichts sehe ich in der grundlegenden Unterscheidung von Nomen und anderen Wörtern und damit im Einüben der ersten Rechtschreibregel: „Nomen schreiben wir groß". Entsprechend dem Spracherwerbsprozess eines jeden Kindes geht nicht nur Maria Montessori zunächst auf Nomen ein, wenn sie den Kindern erste Einblicke in die Grammatik gibt. Auch die in Schulen verwendeten Lehrwerke beginnen meist mit der Abgrenzung der Nomen von anderen Wortarten. In der Montessoripädagogik verwendet man dazu die Wortartenkisten. Auch diese können Sie selbst herstellen: Suchen Sie ansprechende Gegenstände und sammeln sie diese in einer Kiste, Pappschublade o. Ä. Markieren Sie diese Kiste mit einem schwarzen Dreieck, dem Montessorisymbol für das Nomen. Dann bereiten Sie Satzstreifen vor: „Gib mir …" (z. B. „Gib mir die Schere.", „Gib mir den Stein."). Die Sätze sollen sich möglichst nur im Nomen (und dem dazu passenden Begleiter) unterscheiden, um den Fokus darauf zu lenken. Maria Montessori schrieb die Satzstreifen während der Arbeit vor den Augen des Kindes, damit es den Schreibprozess mitverfolgen konnte. Ich bin aber dazu übergegangen, die Satzstreifen vorzubereiten. Besonders für die Arbeit in der Gruppe ist diese Zeitersparnis notwendig, um die Aufmerksamkeit der Schüler beim Thema zu halten. Bereiten Sie außerdem schwarze Dreiecke aus Pappe vor, die dann später über die Nomen gelegt werden können (KV 8). Die genaue Handhabung des Materials wird im Praxisteil auf Seite 26 beschrieben.

Verben

Analog zur Nomenkiste empfehle ich auch die Einführung des Verbs, da es das Verständnis für Satzstrukturen erleichtert, wenn die Schüler Nomen und Verben erkennen. Das dafür vorgesehene Montessorimaterial ist die Wortartenkiste zum Verb. Diese enthält auch einige Gegenstände und Satzstreifen wie bei der Nomenkiste sowie die schwarzen Dreiecke als Symbole für das Nomen. Zusätzlich dazu befinden sich weitere Satzstreifen nach dem Muster „Gib mir malen."

A. Theorie: 2. Rechtschreibung im Anfangsunterricht – Notwendigkeiten, Möglichkeiten und Grenzen

und rote Kreise als Symbol für das Verb (KV 11 📕/◎). Die genaue Vorgehensweise wird im Praxisteil auf Seite 27 beschrieben.

Abschreiben

Wichtig für das richtige Schreiben ist neben den bisher erwähnten Aspekten aber auch das Abschreiben. Damit meine ich vor allem das konzentrierte Hinschauen und Merken eines Wortes und später eines Satzes, um zu üben, sich zu zentrieren, zur Ruhe zu kommen und genau zu arbeiten. Ich nutze Abschreibübungen sehr gerne als Konzentrations- oder gar Stilleübung, die den Kindern ermöglichen, in Ruhe eine überschaubare Aufgabe zu erledigen, bei der sie einerseits Ruhe und Konzentration brauchen, andererseits diese durch die Übung entwickeln können. Maria Montessori legte ebenfalls großen Wert auf solche Übungen, da diese auch dazu dienten, den Schülern den richtigen Platz der Buchstaben innerhalb der Linien zu zeigen. Das Schreiben in Linien soll helfen, die richtigen Größenverhältnisse der Buchstaben untereinander und das saubere, lesbare Aufschreiben von Wörtern zu fördern. Das alles ist weit entfernt vom „Abschreibedrill" und Sie sollten Abschreibübungen immer als ästhetisches Lernangebot ohne Zwang und Druck anbieten. So könnten z. B. erste Texte, die die Schüler selbst aufgeschrieben haben, als Vorlage für Abschreibübungen dienen – natürlich erst, nachdem Sie die Fehler korrigiert haben. Auf diese Weise erfahren die Schüler sehr früh, dass ihre Texte eine Bedeutung haben, dass sie sich sogar als Lernmaterial eignen! Außerdem haben diese Texte den Vorteil, dass sie von den Schülern erlesen werden können. So wird der Sinn des Schreibens am eigenen Text noch einmal sehr deutlich: Ich schreibe, damit andere meinen Text lesen können, denn ich habe etwas zu sagen (siehe Seite 30).

Punkte setzen

In Zusammenhang mit den eigenen Texten der Kinder finde ich es wichtig, den Punkt als Satzzeichen recht früh einzuführen. Dies kann geschehen, sobald Sie merken, dass Ihre Schüler verstehen, was ein Wort und was ein Satz ist (Übungsmaterial dazu siehe Schumacher, 2013). Richtig gesetzte Punkte machen einen Text vollständiger (auch wenn Kommas und Anführungszeichen für die wörtliche Rede noch fehlen). Er hilft den Kindern, Gedanken zu ordnen, Sinnabschnitte zu gliedern und innezuhalten. So kann der Punkt als Satzzeichen das Verfassen eigener Texte erleichtern. Die damit zusammenhängende Regel der Großschreibung nach dem Punkt wird gleich mit eingeführt. Übungen zum Punkt sind auch immer Übungen zum Reflektieren von Handlungen und Gefühlen, die den Kindern helfen können, sich ihrer selbst bewusster zu werden.

Um auch hier möglichst anschaulich und handelnd arbeiten zu können, empfehle ich die Arbeit mit den beweglichen Pfeilen. Dieses Material gehört eigentlich zum Bereich Grammatik und dient zur Einführung von Satzstrukturen und Satzteilen (Subjekt, Prädikat, Objekt). Ich finde jedoch, dass man es sehr gut auch zur Einführung und Einübung von Satzzeichen nutzen kann, womit Sie sich dann aber vom ursprünglichen Gebrauch entfernen. Sie können sich auch hier mit selbst hergestelltem Material behelfen: einige schwarze mittelgroße Kreise (für Subjekt und Objekt), große rote Kreise (Prädikat) sowie schwarze Pfeile, die auf der einen Seite beschriftet sind mit „Wer oder was?" und „Wen oder was?". Bereiten Sie außerdem fertige Satzstreifen und unbeschriebene Papierstreifen für die Schüler vor. Vorschläge für Satzstreifen, passende Kreise, Pfeile und Punkte sowie eine Beschreibung der genauen Handhabung finden Sie auf den Kopiervorlagen 14 bis 17 📕/◎ bzw. im Praxisteil auf Seite 28.

Möglichkeiten

Wenn Sie von Anfang an Möglichkeiten zum Freien oder Kreativen Schreiben bieten, z. B. mithilfe der Anlauttabelle, ergeben sich viele Übungssituationen ganz von alleine, die Sie unbedingt nutzen sollten. Ich möchte in diesem Band den Schwerpunkt auf zwei weitere Aspekte der Rechtschreibung lenken, mit denen die Kinder bereits im ersten Schuljahr in Berührung kommen: Doppelkonsonanten und Reimwörter.

A. Theorie: 2. Rechtschreibung im Anfangsunterricht – Notwendigkeiten, Möglichkeiten und Grenzen

Doppelkonso-
nantenkoffer

Wörter mit Doppelkonsonanten gibt es viele; sie werden von den Schülern jedoch meist ohne Konsonantendopplung aufgeschrieben. Relativ bald thematisiere ich solche Wörter, da sie den Kindern auch früh beim Lesen begegnen. Nach Vorbild der Montessorimaterialien hat sich im Laufe der Zeit der „Doppelkonsonantenkoffer" entwickelt, der in keiner Montessorischule fehlt (siehe Seite 24). Dabei handelt es sich um einen kleinen Spielzeugkoffer, wie er für wenig Geld zu kaufen ist, der mit Gegenständen gefüllt wird, die in ihrem Namen einen Doppelkonsonanten haben. Außerdem gibt es Wortkarten, bei denen der Doppelkonsonant farblich abgesetzt ist oder auf andere Art und Weise deutlich hervorgehoben wird. Am schönsten ist es, wenn Sie Gegenstände sammeln, die von den Schülern bereits immer wieder aufgeschrieben wurden. Dann handelt es sich bei der Übung gleich um „ihre" Wörter, was sehr motivierend ist. Diese Übungen helfen sowohl den Schülern, die schon erste Rechtschreibregeln entdecken und anwenden können, als auch denen, die noch stark nach Gehör schreiben, denn die Regel „Wird ein Vokal kurz ausgesprochen, kommt danach ein Doppelkonsonant." ist mit all ihren Tücken gut nachvollziehbar.

Reimwörter

Bei Reimübungen (siehe Seite 29) handelt es sich nicht in erster Linie um eine Rechtschreibübung, zumal man hier sehr aufpassen muss, dass die Schüler sich keine „falschen" Reime merken (wie z. B. „Ei" und „Hai"). Aber sie sind sehr wertvoll, um die Schüler mit Sprache spielen zu lassen. Sie sollten sich auf alle Fälle immer vorher entscheiden, unter welchem Aspekt Sie Reimübungen anbieten – als Sprachspiel oder als Rechtschreibübung – und dann das Ziel einer solchen Übung klar formulieren. Beachten Sie jedoch, dass für Kinder, die noch keine orthografischen Muster erkennen und erste orthografische Regeln noch nicht anwenden können, solche Übungen noch kaum unterstützend im Hinblick auf die Verbesserung der Rechtschreibleistung wirken.

Grenzen

Rechtschreibübungen im Anfangsunterricht haben immer dann ihre Grenzen, wenn die Schüler noch zu sehr mit dem Schreibprozess an sich beschäftigt sind. Erwarten Sie also nicht, dass Ihre Klasse zum Ende des ersten Schuljahres die bisher genannten Rechtschreibphänomene beherrscht – auch wenn Sie der Meinung sind, dass alle intensiv geübt haben. Es wird sicherlich einige Kinder geben, die deutliche Fortschritte gemacht haben und durchaus in der Lage sind, ihre Texte nach den geübten Aspekten selbstständig zu verbessern. Bei anderen wiederum hat man das Gefühl, dass sie gar nichts mitbekommen haben und auf den ersten Blick ist kaum eine Verbesserung ihrer Texte zu erkennen. Analysieren Sie die Texte der Kinder aber genauer und kommen mit ihnen darüber ins Gespräch, werden Sie feststellen, dass sie sehr wohl Fortschritte gemacht haben. Der Schreiblernprozess findet in Stufen statt, der sich nach Renate Valtin wie folgt gliedern lässt: Kritzelstufe, Phase des Malens willkürlicher Buchstabenfolgen, vorphonetisches Niveau (erste Ansätze einer lautorientierten Schrift sind erkennbar), halbphonetisches Niveau („skelettartige Schreibung", Laute werden unvollständig durch Buchstaben wiedergegeben), phonetische Strategie (z. B. typisch beim Schreiben mit der Anlauttabelle: Die Wörter werden vorgesprochen, Laute analysiert und durch Buchstaben wiedergegeben. Dabei werden durch die gedehnte Sprechweise Laute künstlich verändert und somit falsch notiert.), phonetische Umschrift und erste Verwendung orthografischer Muster, orthografische Verschriftung (siehe Valtin, 2000).

Es kann also durchaus sein, dass ein Schüler Fortschritte beim Schreiben gemacht hat, diese Fortschritte sich jedoch zunächst in anderen Fehlern zeigen (z. B. auf der Stufe des halbphonetischen Niveaus oder wenn erste orthografische Muster auf alle möglichen Wörter übertragen werden). Lassen Sie den Kindern die Zeit, die sie brauchen – auch wenn sich dann von verschiedenen Seiten die Angst breit macht, wir ließen die Schüler gewähren, ohne sie zu unterstützen. Reifung braucht Zeit und manchmal ist Geduld neben gezielten Übungsangeboten die beste Hilfe, die wir Kindern anbieten können!

3. Kreatives Schreiben im Anfangsunterricht – Notwendigkeiten, Möglichkeiten und Grenzen

Notwendigkeiten

Das Kreative Schreiben nimmt in der Grundschule mittlerweile einen viel größeren Raum ein, als dies noch vor zwanzig Jahren der Fall war. Vor allem in den Klassen 3 und 4 wird schon sehr viel mehr Wert auf den individuellen schriftlichen Ausdruck der Schüler gelegt. Dank Gudrun Spitta sind „Schreibkonferenzen" zur Überarbeitung selbst verfasster Texte schon fast Schulalltag geworden. Die Anzahl der Bücher zum Thema „Kreatives Schreiben in der Grundschule" ist deutlich gestiegen. Trotzdem macht das Kreative Schreiben nur einen Teil des Deutschunterrichts aus und noch immer besteht bei vielen Lehrern große Unsicherheit, wie solche freien Texte zu bewerten sind. Dabei ist man sich einig, dass es viel mehr bewertungsfreie Aufgaben im Unterricht geben sollte, bei denen die Schüler ausgiebig üben können. Als solche sind Anregungen zum Kreativen Schreiben zu nutzen. Vor allem im Anfangsunterricht scheint das Kreative Schreiben noch gar keinen Platz zu haben. Hier liegt der Fokus ganz klar auf der Erarbeitung der Buchstaben und dem Aufbau eines orthografisch richtigen Grundwortschatzes. Auch erste Rechtschreibregeln werden in den meisten Lese- und Schreiblehrgängen thematisiert. Nur wenige Angebote inspirieren die Schüler zu eigenen Texten, die sie frei formulieren dürfen.

Funktionen des Schreibens

Schreiben in der Schule wird, laut Jürgen vom Scheidt, meistens auf eine einzige Funktion beschränkt: dem Festhalten und Weitergeben von Informationen und damit zur Überprüfung von Wissen. Dabei ist es wichtig, dass die Schüler grammatikalisch richtige Sätze bilden, einen festgelegten Wortschatz erlangen und die Rechtschreibung beherrschen. Dieser Aspekt des Schreibens ist natürlich wichtig, er überwiegt im Alltag und führt Kinder in unsere Gesellschaft ein. Aber auch wenn die meisten Menschen nur diese eine Funktion des Schreibens kennen und nutzen, so muss Schule dafür sorgen, dass Kinder auch die anderen Funktionen des Schreibens erleben können.

Meiner Meinung nach sind folgende Aspekte des Schreibens, wie Jürgen vom Scheidt sie beschrieben hat, für Kinder besonders wichtig:

a) *Materialisierung:* Nicht Greifbares wird sichtbar gemacht. Beispielsweise werden Gedanken, Ideen, aber auch Ängste und Sorgen durch geschriebene Worte für das Kind sichtbar und damit begreifbar. Etwas, das für das Kind nur unsichtbar vorhanden ist, wird somit konkret.

b) *Verinnerlichen:* Mit dem Aufschreiben von Erlebnissen, Beobachtungen, aber auch von Ideen und Gedanken wird ein Prozess in Gang gesetzt, der nach innen wirkt. Damit wird die Voraussetzung für Erinnerungen und das Fundament zu jeder Selbsterfahrung geschaffen.

c) *Langsamer werden, sich zentrieren, Konzentration:* Diese drei Aspekte sind sehr eng miteinander verbunden und bedingen sich gegenseitig. Schreiben ist ein Vorgang, der im Gegensatz zu anderen Tätigkeiten sehr langsam vonstattengeht. Vor allem für den Schreibanfänger ist das Aufschreiben eines ersten Wortes oder gar Satzes oft mit viel Mühe verbunden – es braucht Zeit. Sehr oft lassen sich die Kinder nur schlecht auf diese Verlangsamung ein, steht sie doch in krassem Gegensatz zu ihrem sonstigen Leben. Dabei liegt in dieser Langsamkeit und geforderten Genauigkeit beim Schreiben die große Chance, dass Kinder zu sich selbst finden, dass sie sich zentrieren, ruhig und damit fähig werden, sich zu konzentrieren. Andererseits fordert das Schreiben ein Sich-Zentrieren und Konzentration, damit es nicht nur mühevoll erlebt werden kann. Leider scheitern viele Kinder daran, diese erste Hürde beim Schreiben zu überwinden und erleben das Schreiben unter Umständen bis weit ins Erwachsenenalter hinein als lästig.

A. Theorie: 3. Kreatives Schreiben im Anfangsunterricht – Notwendigkeiten, Möglichkeiten und Grenzen

d) *Entlastung:* Klassisches Beispiel für die Entlastungsfunktion ist das Tagebuchschreiben. Hier kann sich der Schreiber all der Eindrücke entledigen, die ihn belasten. Auch bei Kindern kann man dies feststellen, wenn sie z. B. in ihren Geschichten gruselige Filmszenen oder Träume (meist Albträume) verarbeiten.

e) *Integration:* Beim Schreiben werden scheinbare Gegensätze miteinander verknüpft und Polaritäten können zusammenwachsen. Bei Kindern wird das sichtbar bei Themen wie „Angst und Mut", „Freundschaft und Feindschaft" usw.

f) *Sinnstiftung:* Jürgen vom Scheidt sieht hier eine Steigerung der Integration. Der Schreiber ordnet und stellt Zusammenhänge her, indem er sich Symbolen, Metaphern und Bildern bedient. Somit wird Unvereinbares nicht nur miteinander verknüpft, sondern bekommt auch einen Sinn. Bei Kindern kann man diesen Aspekt des Schreibens feststellen, wenn sie Dinge erfinden, Fantasiefiguren zum Leben erwecken, Personen ihrer Geschichten die unterschiedlichsten Eigenschaften zuordnen (die sie meist gerne selbst hätten, oder sich bei Freunden wünschen würden) usw.

g) *Verdichtung*: Sprachliche Verdichtung geschieht schon dem Namen nach im Gedicht als literarischer Grundform. Auch Kindern gelingt es schon sehr gut, sich in dieser, meist strengen Regeln unterworfenen, Form schriftlich auszudrücken. Bei Schreibanfängern liegt der Vorteil auf der Hand: Sie können erst wenige Worte aufschreiben und erleben doch, dass sie einen vollständigen, literarischen Text verfasst haben. Bei der Auswahl der wenigen Worte gehen sie dabei oftmals schon mit viel Bedacht vor. Immer wieder erlebe ich, dass Kinder, die sich sonst gar nicht gewandt ausdrücken können, wunderschöne Gedichte schreiben und dabei ein sehr feines Sprachgefühl offenbaren (siehe vom Scheidt, 2006).

Möglichkeiten

Wörterlisten

Die oben aufgeführten Funktionen des Schreibens sollen genügen, um die Notwendigkeit, kreative Schreibanlässe bereits im Anfangsunterricht regelmäßig anzubieten, zu unterstreichen. Schon eine Wörterliste kann ein ungeahntes Potenzial in Kindern entfalten, wenn sie in eine (zunächst gedachte) Geschichte eingebettet ist oder diese weiterführt. Sie finden in diesem Band einige Ideen, wie man Sprachbewusstheit und Fantasie mit Wörtersammlungen anregen und sogar erste Einsichten in Rechtschreibregeln gewinnen kann. Mit der Wörterliste zu Doppelkonsonanten (siehe Seite 31) regen Sie den Forschertrieb der Schüler an und schnell entstehen immer öfter Gespräche über Sprache, ohne dass Sie diese jedes Mal initiieren müssen. Andere Wörtersammlungen können das „Lexikon der schönen Dinge" (Nomen sammeln, siehe Seite 32) oder die „Lieblingswörter der Woche" (Verfeinerung des Sprachgefühls, emotionaler Aspekt von Sprache, siehe Seite 34) sein.

Lexikon der schönen Dinge

Beim „Lexikon der schönen Dinge" (siehe Seite 32) können entweder nur Bilder von schönen Dingen gesammelt und der Name notiert, oder auch schon kleine Erklärungstexte verfasst werden. Hier wird man schnell auf die Schwierigkeit stoßen, dass einige Dinge, die Kinder mögen, fremdsprachliche Bezeichnungen haben (vor allem bei Spielzeug). Natürlich kann man diese Wörter den Kindern vorschreiben, aber auch das Lesen solcher Wörter ist dann gerade für Leseanfänger sehr schwer. Um dem vorzubeugen, kann man zunächst selbst Bilder sammeln und in einer Kiste zur Auswahl bereithalten. Wichtig ist bei diesen Übungen, dass die Kinder die Wörter in ihrem Lexikon orthografisch korrekt notieren. Da sie sich die „schönen Dinge" selbst aussuchen, ist es *ihr* Wortschatz, den sie richtig schreiben lernen.

Lieblingswörter der Woche

Bei den „Lieblingswörtern der Woche" (siehe Seite 34) werden die Kinder auf den Klang der Sprache und die Bedeutung von Wörtern aufmerksam gemacht.

Immer wieder ist es überraschend, wie Kinder durch solche Sammlungen zu Gesprächen über Sprache angeregt werden. Lieblingswörter sind auch wunderbare „Schreibfunken", aus denen kleine Geschichten entstehen können. Auch hier lernen die Schüler die korrekte Schreibweise *ihrer* Lieblingswörter, die sie meist erstaunlich schnell übernehmen. Sollte sich auch hin und wieder ein Fantasiewort auf der Liste der „Lieblingswörter der Woche" finden, bestehen Sie darauf, dass es lautgetreu geschrieben wird. Es kommt immer wieder vor, dass Kinder Fantasienamen in ihren Geschichten verwenden und fragen, ob diese richtig geschrieben sind. Ich antworte dann immer, dass man das bei Fantasienamen nicht wirklich sagen kann, weil man in der Fantasie ja alles Mögliche aufschreiben kann. Aber ich erkläre, dass es wichtig ist, dass alle Buchstaben oder Buchstabenkombinationen notiert werden, die man hören kann. Sonst ist das Wort nicht lesbar.

Reimwörtersammlungen

Weitere Wörtersammlungen, die den Schülern großen Spaß bereiten, sind die Reimwörtersammlungen (siehe Seite 33). Sprache hat ihren besonderen Klang, für den Kinder sehr sensibel sind. Diese Sprachsensibilität verliert sich leider oft mit zunehmendem Alter, aber wer kann sich nicht wenigstens noch an einen Abzählreim aus Kindertagen erinnern? Das Auswendiglernen von kleinen Gedichten und Sprüchen ist nicht nur eine wichtige Übung für die Merkfähigkeit, sondern auch „Musik" in den Ohren der Kinder, über die sie sich manche Lerninhalte nachhaltig merken können. Außerdem entdecken die Schüler über Reimwörtersammlungen Gesetzmäßigkeiten in der Schreibweise von Wörtern (z. B. „Kind", „Wind", „Rind", „blind" werden hinten mit einem „d" geschrieben).

Beschriftungen

Eine wunderbare Kombination von Rechtschreibübung und Kreativem Schreibanlass sind Beschriftungen (siehe Seite 35). Bei solchen Übungen erleben die Schüler, dass sie etwas meistern, dass eine Schreibaufgabe bewältigt wird, auch wenn sie noch ganz am Anfang stehen. Beim Beschriften von Gegenständen benennen die Kinder Dinge, die sie kennen und die sie so arrangieren können, wie sie möchten, um daraus eine Geschichte zu „spielen". Außerdem hat der Vorgang des Beschriftens auch immer etwas mit „Beherrschen", mit „Aneignen" zu tun. Ein Ding, dem ich einen Namen zuordne, habe ich zu „meinem" Gegenstand gemacht. Der Aspekt des Spiels kommt natürlich vor allem bei der Beschriftung eines Puppenhauses, eines Bauernhofes (der in der Montessoripädagogik das wichtigste Material im Bereich Lesenlernen und Grammatik darstellt) oder von Zootieren zum Tragen. Das Arrangement von Möbeln und Tieren wird dabei den Schülern überlassen. Beim Beschriften von Gegenständen im Klassenzimmer geht es weniger um das Arrangieren und Spielen, vielmehr steht hier das Aneignen im Vordergrund und schafft eine Identifikation mit der Lernumgebung. Wenn Sie Anlautsäckchen oder -kästen haben, erlauben Sie den Schülern, die Dinge herauszunehmen und nach Lust und Laune zu einem „Standbild" zusammenzustellen, um sie zu beschriften. Bei allen Variationen der Beschriftung festigen die Schüler die Schreibweise von Dingen aus ihrer Lebenswelt – viel intensiver als wenn Sie sie einfach nur Wörter für ein Hördiktat üben lassen.

literarische Kleinformen schreiben

Recht bald gehen die Schüler dazu über, kurze Sätze aufzuschreiben. Um den Spaß am Schreiben weiter anzuregen, bieten Sie den Schülern an, erste Gedichte zu schreiben, wie z. B. Elfchen, Akrostichon und Notarikon. Mit wenigen Worten bzw. Sätzen entsteht ein fertiger Text, wie er auch von großen Dichtern verfasst wird. Das motiviert besonders Schreibanfänger. Wenn Sie den „Bauplan" der Gedichte zusätzlich noch erforschen lassen, also die Kinder selbst entdecken können, wie ein Elfchen oder Akrostichon geschrieben wird, haben Sie gleichzeitig den Aspekt des Forschens und Entdeckens berücksichtigt. Da das Notarikon etwas komplexer und seine Entstehung nicht offensichtlich ist, empfiehlt es sich, diese Gedichtform erst dann einzuführen, wenn Elfchen und

Akrostichon schon sicher beherrscht werden. Erläutern Sie den Schülern ruhig auch die Entstehungsgeschichte der jeweiligen Gedichtform, denn es ist für Kinder sehr spannend, wenn ihnen bewusst wird, dass sie sozusagen auf den „Spuren ihrer Ahnen wandeln" (Maria Montessori hat großen Wert darauf gelegt, dass die Schüler sich als Teil der Menschheitsgeschichte verstehen und die Verdienste ihrer Vorfahren schätzen lernen, wie z. B. die Entwicklung der Zahlen oder unserer Schrift).

Elfchen

Ein Elfchen (siehe Seite 38) besteht aus elf Wörtern, die in der Reihenfolge 1, 2, 3, 4, 1 auf fünf Zeilen verteilt werden. Bei Schreibanfängern genügt diese Regel (siehe KV 33 ▭/◉). Sie werden sehen, wie viel Freude die Kinder beim Schreiben entwickeln, denn jedes Elfchen kann mit seinen elf Wörtern richtige Geschichten erzählen. Wenn Sie Ihren Schülern dann noch berichten, dass früher das Schreiben von Elfchen ein abendlicher Zeitvertreib in adligen Familien war, so wie es bei uns heute oftmals das Fernsehen ist, haben Sie die Schreiblust der Kinder geweckt. Besonders verblüffend ist für Grundschüler auch die Tatsache, dass ausschließlich Erwachsene solche Schreibspiele veranstaltet haben, und nicht die Kinder.

Akrostichon

Das Akrostichon ist eine sehr alte literarische Kleinform und wurde vor allem im Mittelalter zur Übermittlung geheimer Botschaften (z. B. von Orakelsprüchen) genutzt. Dabei bilden die Anfangsbuchstaben aufeinanderfolgender Sätze ein Wort, einen Namen oder auch einen Satz. Religiöse Texte wurden mit Akrosticha versehen, um sie vor nachträglichen Veränderungen zu schützen. Der eingeweihte Leser konnte erkennen, ob ein Text noch im Originalzustand war, wenn er bestimmte Akrosticha dem Text entnehmen konnte. Die ersten Akrosticha, die Sie mit den Schülern schreiben, sind natürlich nicht so kompliziert, aber das Interesse der Kinder ist sofort geweckt, wenn Sie ihnen die oben skizzierten Hintergründe erläutern. Meistens beginnt man damit, aus den Namen der Schüler ein Akrostichon schreiben zu lassen (siehe Seite 36).

Notarikon

Auch das Notarikon ist schon mehrere hundert Jahre alt und wurde gerne für Prosatexte genutzt. Hier wird ein Wort in seine Buchstaben zerlegt und zu jedem dieser Buchstaben ein neues Wort gesucht. Daraus entsteht dann ein Text, bei dem – in der ursprünglichen Form – die neuen Wörter genau in der Reihenfolge auftauchen müssen, in der sie gefunden wurden. So kann das Ausgangswort für den Leser erkennbar werden. Es empfiehlt sich jedoch, diese Regel zu lockern, denn schon das Finden neuer Wörter zu den einzelnen Buchstaben ist für manche Kinder sehr schwierig. Wenn es ihnen dann noch gelingt, ein paar Sätze mit diesen Wörtern zu schreiben, haben sie eine sehr komplexe Leistung vollbracht. Diese Schreibaufgabe lässt sich sehr gut als Partnerübung gestalten (siehe Seite 37).

erste Texte schreiben

Längere Texte zu schreiben, fällt Schreibanfängern noch lange Zeit schwer. Auch im zweiten Schuljahr fallen Geschichten oftmals noch recht kurz aus. Mit den oben genannten literarischen Kleinformen haben die Schüler bereits erste Versuche unternommen, kleine Texte zu verfassen. Um das Erzählen von längeren Geschichten anzuregen, habe ich die Erfahrung gemacht, dass es hilft, wenn sich mehrere Kinder oder auch die ganze Klasse daran beteiligen.

Reihumgeschichten

Mit Reihumgeschichten, zu denen möglichst jeder Schüler einen Satz beiträgt, verteilt sich die Arbeit auf mehrere Schultern und die Kinder stecken sich gegenseitig mit ihren Ideen an. Ich fange bereits in den ersten Schulwochen mit solchen Reihumgeschichten an, die zunächst natürlich von den Schülern mündlich gestaltet und von mir aufgeschrieben werden. Jedes Kind bekommt die Geschichte anschließend ausgehändigt und malt dazu sein eigenes Bild. Später schreibt jeder Schüler seinen Satz selbst auf und ich füge die Geschichte beim

Abtippen zusammen. Auch Fortsetzungsgeschichten sind möglich. Auf diese Weise bekommen Kinder, denen es schwerfällt, Geschichten zu entwickeln, eine Art Anleitung. Durch die unterschiedlichen Ideen und Einfälle der Klassenkameraden werden sie ermutigt, ihre eigenen Gedanken zu äußern. Hilfreich ist dabei der Hinweis, dass die Kinder so sprechen sollen, wie es in einem Buch stehen würde. Die Schüler finden nach einigen fehlgeschlagenen Versuchen erstaunlich schnell sehr treffende Formulierungen und nehmen Abstand von halben oder grammatikalisch falschen Sätzen. Es scheint ganz so, als ob die Bücher, die sie bereits vorgelesen bekommen haben, vor ihrem inneren Auge erscheinen bzw. sie sich wieder an die gehörten Sätze erinnern und diese nachahmen. Als Rechtschreibübung eignen sich die Reihumgeschichten deshalb, weil eben nur ein Satz geschrieben werden muss. Da dieser aber Teil eines Ganzen ist, sind die Schüler oft sehr motiviert, ihren Teil auch wirklich richtig zu schreiben (siehe Seite 39).

Minibücher

Bei Minibüchern (siehe Seite 40), die die Schüler selbst schreiben und malen, liegt die Hauptmotivation auf dem Aspekt der Veröffentlichung. Denn schon die Bezeichnung „Buch", auch wenn es ein „Minibuch" ist, lockt eine Ernsthaftigkeit hervor, die beim Schreiben ins normale Schulheft so nicht gegeben ist. Minibücher können zu bestimmten Themen verfasst werden, wie z. B. das Schreiben einer Geschichte aus möglichst vielen „Otto-Wörtern" (siehe Seite 31). Ich würde das themengebundene Schreiben hier jedoch nicht überstrapazieren. Lassen Sie die Kinder lieber ganz frei fabulieren und kommen Sie bei der orthografischen Überarbeitung der Geschichten mit ihnen ins Gespräch. Bei Schreibanfängern muss erst einmal die Einsicht geweckt werden, dass Rechtschreibung einen Sinn macht, und diesen Sinn erleben die Schüler am eindrücklichsten, wenn sie selbst als Autoren tätig werden.

Veröffentlichung und Rückmeldung

Ein weiterer wichtiger Aspekt beim Kreativen Schreiben ist die Veröffentlichung von Texten. Selbstverständlich sollten Sie von Anfang darauf achten, dass die selbst verfassten Texte der Schüler gewürdigt werden (z. B. in Form einer Lesung). Aber besonders Schreibanfängern fällt das noch sehr schwer. Stellen Sie Texte im Klassenzimmer aus, sodass jeder sie sehen und lesen kann.
Rückmeldungen sollten immer positiv sein und die Schüler bestärken, sich weiterhin schriftlich auszudrücken und mit Sprache zu experimentieren. Es geht bei den Texten, die im Kreativen Schreiben entstanden sind, nicht um Verbesserung, sondern um das Üben des Selbstausdrucks ohne Bewertung.

Grenzen

Natürlich hat das Kreative Schreiben auch seine Grenzen. Nicht alles kann damit erlernt und geübt werden. Schreibübungen zu einzelnen Buchstaben, Übungseinheiten zu Grammatik und Wortaufbau haben ebenso ihren Platz wie alle anderen Lernbereiche auch. Es geht in diesem Buch nicht darum, durch Kreatives Schreiben alle anderen Lern- oder Übungsformen zu ersetzen. Das wäre unsinnig und genauso verfehlt, wie das Ausklammern dieses Aspektes. Finden Sie Ihre eigene Balance zwischen gebundenen Übungen und denen, die aus dem Bereich des Kreativen Schreibens kommen. Muten Sie Ihren Schülern nur das zu, was Sie selbst als sinnvoll erachten. Haben Sie immer im Blick, dass manchen Schülern diese Schreibanregungen äußerst schwerfallen und sie besser mit klar strukturierten Übungen zurechtkommen. Locken Sie diese Schüler vorsichtig immer einen kleinen Schritt weiter und machen Sie ihnen Mut, sich selbst zuzuhören und ihren eigenen Ideen und Gedanken zu vertrauen. Haben Sie aber immer im Blick, dass zu unterschiedlichen Schülern auch unterschiedliche Lernangebote gehören und dass es keine Methode gibt, die für alle Schüler gleichermaßen wirksam ist.

4. Grundprinzipien der Montessoripädagogik – von Bauplänen, sensiblen Phasen und einer vorbereiteten Umgebung

Grundprinzipien Im Folgenden gebe ich einen kurzen Überblick über die Grundprinzipien der Montessoripädagogik und das dahinterstehende Menschenbild. Erfahrene Montessoripädagogen werden sicherlich den einen oder anderen Aspekt vermissen, manches für unvollständig oder zu oberflächlich halten. Ich denke jedoch, dass ein kurzer Überblick ausreicht, um zu verstehen, wie die hier vorgestellten Ideen in einer Regelschulklasse umgesetzt werden können und auf welcher Grundlage sie ausgewählt bzw. entwickelt wurden.

innerer Bauplan des Kindes Ein grundlegendes Element der Montessoripädagogik ist die Vorstellung, dass jedes Kind während seiner Entwicklung einer Art innerem Bauplan folgt. Damit ist gemeint, dass Kinder mit bestimmten Grundvoraussetzungen auf die Welt kommen, die ihnen eigen sind und die zwar im Laufe des Heranwachsens beeinflusst werden, jedoch nicht grundlegend verändert werden können. Begriffe wie Talent, Vorlieben und Charakter können den Begriff des „Bauplans" vielleicht etwas verständlicher machen. Als Lehrer kennen wir die Vielfalt, die in einer Klasse herrscht, und haben sicherlich alle schon erfahren, wie grundverschieden Geschwisterkinder sein können. Maria Montessori ging davon aus, dass Kinder sich immer dann gesund entwickeln, wenn sie möglichst ohne negative Beeinflussung aufwachsen können, denn dann entfalten sie sich ganz nach ihrem „inneren Bauplan". Lernen gehörte für Montessori zu einer gesunden Entwicklung dazu, denn die Neugierde und die Freude am Lernen sind Kindern angeboren. Warum sonst sollten sie z. B. Sprechen und Laufen lernen? Es ist der innere Wille, der das Kind antreibt, sich weiter zu entwickeln, sobald es geboren wird. Dieses Lernen geschieht jedoch nicht bei allen Kindern gleich, auch wenn es Ähnlichkeiten gibt.

sensible Phasen Montessori beobachtete in Anlehnung an die Forschungen von Jean Piaget, dass es sogenannte „sensible Phasen" in der Entwicklung von Kindern gibt. Während dieser Perioden liegt das Interesse des Kindes auf einem bestimmten Bereich, wie z. B. dem Laufenlernen. Es wird nicht müde, dies zu üben, bis es sich diese Fähigkeit angeeignet hat. Während der ersten Lebensjahre eines Kindes sind diese Perioden, in denen das Lernen von neuen Fähigkeiten und Fertigkeiten fast mühelos vonstattengeht, leichter zu beobachten als in späteren Jahren.

Polarisation der Aufmerksamkeit Dieses mühelose Lernen verdanken die Kinder einem Phänomen, dass Montessori die „Polarisation der Aufmerksamkeit" nennt. Dabei ist das Kind so sehr mit seiner Aufgabe verbunden, dass es die Umwelt kaum noch wahrzunehmen scheint. Das Kind fokussiert seine Aufgabe wie der Lichtkegel einer Taschenlampe, der ein Objekt beleuchtet. Ist die Aufgabe bzw. die Arbeit beendet, erlischt das „Licht", die Konzentration lässt nach und das Kind wendet sich wieder anderen Dingen zu. Was genau im Kind geschieht, kann man nicht sehen, wohl aber das Ergebnis einer solchen Arbeitsphase wahrnehmen: Das Kind hat einen Lernfortschritt gemacht. Allerdings geschieht das Lernen nicht immer in gleichmäßigen Zyklen. Manchmal beschäftigt sich das Kind mehrere Tage mit ein und demselben Material, ohne dass ein Lernzuwachs zu erkennen ist. Und dann, plötzlich, wie aus heiterem Himmel liest ein Kind oder rechnet im Kopf Aufgaben aus, für die es wochenlang unterstützendes Material gebraucht hat. In meiner Zeit als Montessorilehrerin habe ich solche regelrechten „Explosionen" immer wieder erlebt.

Beobachtung und Hilfe Für Maria Montessori war es also einerseits wichtig, möglichst wenig in die Entwicklung des Kindes einzugreifen, andererseits aber auch genau zu beobachten, wann und auf welchem Gebiet ein Kind unterstützt werden kann und muss. Somit ergibt sich eine völlig neue Rolle für die Lehrkraft, nämlich die des **Beobachters** und **Helfers**. Nur wenn ich ein Kind genau beobachte, kann ich verstehen, wo ich als Lehrer eingreifen und regulieren oder unterstützen und fördern muss. Der Montessoripädagoge bietet dann dem Kind das entsprechende Material an, mit dem es eine Fertigkeit vervollständigen oder sich eine neue Fähigkeit aneignen kann. Das heißt also, das Kind bestimmt, wann es sich welchen Lerninhalt aneignet.

Freiarbeit

Aus diesem Grund ist die Freiarbeit das vorherrschende Unterrichtsprinzip, denn nur in dieser Arbeitsform ist dem Lehrer die genaue Beobachtung der Schüler möglich und es kann individuell auf die Bedürfnisse jedes Einzelnen eingegangen werden.

Jahrgangsmischung

Um Konkurrenzdruck zu vermeiden und auch die soziale Entwicklung des Kindes zu fördern, sind Montessoriklassen stets jahrgangsgemischt. So lernen die Kinder einerseits unter- und miteinander, andererseits ist es nur so möglich, dass jedes Material genau einmal in einer Klasse vorhanden ist und trotzdem alle Kinder lernen können. Materialien für Schulanfänger werden von älteren Schülern nicht mehr gebraucht. Möchten mehrere Kinder zur gleichen Zeit mit demselben Material arbeiten, sind Absprachen nötig, was die soziale Kompetenz fördert.

das Material

In einer Montessoriklasse sind also alle notwendigen Lernmaterialien vorhanden. Zu Maria Montessoris Zeiten waren dies vor allem die von ihr entwickelten Materialien, heutzutage findet man neben diesen aber auch viele Ergänzungsmaterialien, die von den Lehrkräften hergestellt werden. Auch gibt es mittlerweile viele Möglichkeiten, Zusatzmaterial käuflich zu erwerben.

Isolierung der Schwierigkeit

Das Montessorimaterial wurde nach bestimmten Kriterien entwickelt, die dem Kind ein möglichst strukturiertes Arbeiten ermöglichen. Eine Besonderheit ist die „Isolierung der Schwierigkeit", d. h. mit einem Material wird möglichst auch nur *ein* Aspekt erarbeitet bzw. der Fokus liegt immer nur auf *einer* Schwierigkeit. Der in diesem Band vorgestellte Doppelkonsonantenkoffer (siehe Seite 24) wird beispielsweise nur zur Erarbeitung von Wörtern mit Doppelkonsonant genutzt, nicht jedoch auch noch zur Erarbeitung von Wortarten oder Phonogrammen. Dabei könnte man praktischerweise mit den Gegenständen, die sich in einem solchen Koffer befinden, auch gleich das Nomen erarbeiten („Jedes Ding hat einen Namen.") oder bei Gegenständen, die ein Phonogramm enthalten (wie z. B. „Schwamm") auch gleich „sch" einführen. Dies entspräche nicht den Materialkriterien nach Montessori, die das Fokussieren auf *ein* Thema ermöglichen sollen. Sicherlich kann man das eine oder andere Material zu unterschiedlichen Zeitpunkten mit unterschiedlichen Arbeitsanregungen mehrmals einsetzen – jedoch nie gleichzeitig. Zu dieser Begrenzung gehört auch, dass ein Material auf einem deutlich abgegrenzten Bereich präsentiert und bearbeitet wird. Meistens sind dies die typischen Arbeitsteppiche, die auf den Tisch unter das Material gelegt werden. So erfährt das Kind Struktur und Begrenzung auch im Außen.

Darbietung des Materials

Weiterhin muss das Material immer **eindeutig** sein. Aus diesem Grund wird sehr viel Wert auf **Ästhetik** und **Genauigkeit** gelegt. Bei der Darbietung eines Materials kommt es auf jeden Handgriff an. Üblicherweise wird jedem Schüler einzeln ein neues Material vorgeführt. Dabei wird möglichst wenig gesprochen, aber das Hantieren sehr deutlich gezeigt. Auch bei den Materialien aus dem Bereich Sprache versucht man durch begrenztes Sprechen den Fokus auf das Ziel des Materials zu lenken (aus diesem Grund wird manche Materialhandhabung mit genau formulierten Sätzen der Lehrkraft beschrieben). Für Montessoripädagogen ist es nicht egal, wie bei einem Material vorgegangen wird, denn eine falsche Handhabung mindert den Wert dessen, was ein Schüler damit lernen kann. Allerdings wird dieser Aspekt mittlerweile recht kontrovers unter Montessorianhängern diskutiert und manche „Montessorianer" scheuen sich nicht, Materialien neu oder anders zu nutzen als dies ursprünglich vorgesehen war. Wichtig ist aber, dass man als Lehrkraft selbst genau versteht, was mit einem Material erreicht werden soll und welche Handhabung eher verwirrend sein könnte. Meiner Meinung nach ist es durchaus legitim, seinen eigenen Stil bei der Einführung eines Materials zu entwickeln, wenn er dem Ziel nicht im Wege steht. Bei den hier vorgestellten Materialien ist die genaue Handhabung bei Weitem nicht so wichtig wie etwa beim Sinnesmaterial oder im Bereich der Mathematik. Allerdings wird immer Wert darauf gelegt, dass ein Material auf einem abgegrenzten Platz präsentiert wird. In Montessorischulen sind dies meist die speziellen Teppiche. Allerdings sind sie teuer und es lässt sich auf ihnen schlecht schreiben, da sie zu sehr nachgeben. Ich nehme daher einfache Platzsets aus Filz, von denen man gegebenenfalls mehrere aneinanderlegen muss, da sie kleiner sind.

Selbstkontrolle

Ein weiteres Kriterium ist die Selbstkontrolle, die bei allen Materialien gewährleistet sein sollte. Allerdings ist das nicht immer möglich, wie z. B. bei der Arbeit mit den beweglichen Pfeilen (siehe Seite 28), wenn die Schüler eigene Sätze formulieren. Grundsätzlich sollte die Möglichkeit zur Selbstkontrolle aber stets gegeben sein, denn Ziel der Montessoripädagogik ist die Selbstständigkeit des Kindes.

vorbereitete Umgebung

Dabei hilft auch die vorbereitete Umgebung, die dem Kind eine äußere Ordnung gibt, damit es sich im Inneren strukturieren kann. Deshalb sind die Materialien in einer bestimmten Reihenfolge angeordnet, nämlich so, wie sie aufeinander aufbauen. Diese Ordnung muss von den Schülern unbedingt eingehalten werden, worauf die Lehrkräfte penibel achten. Jedes Material, jedes Papier, jeder Stift haben ihren Platz, von dem sie jederzeit an den Tisch genommen werden können, und zu dem sie nach der Arbeit wieder zurückgeräumt werden müssen. Vorbereitete Umgebung bedeutet also auch, dass es dem Kind jederzeit möglich ist, zu arbeiten. Nicht vorhandenes Material ist ebenso zu vermeiden wie Unordnung und Lieblosigkeit.

innere und äußere Ordnung

Ein aufgeräumtes Klassenzimmer ist nicht nur wegen der Ästhetik wichtig, sondern auch, weil es hilft, die innere Struktur aufzubauen und zu kultivieren. Außerdem können die Schüler nur dann selbstständig arbeiten, wenn sie stets wissen, wo etwas zu finden ist. Die äußere Ordnung unterstützt also den Aufbau einer inneren Ordnung, die zu einem gesunden, normal entwickelten Kind nach Montessori dazugehört. Studiert man diverse Schriften von und über die Arbeit von Maria Montessori, kommt man schnell zu dem Schluss, dass sie selbst eine recht strenge Lehrerin war, die „ungeordnetes Verhalten", wie z. B. das laute Umherrennen durch den Raum und das Stören anderer Kinder bei der Arbeit, nicht duldete. Ihre Methoden, solches Verhalten zu unterbinden, unterschieden sich jedoch deutlich von den damals üblichen: Nicht mit dem Rohrstock wurde gemaßregelt, sondern sie machte diesen Kindern passende Arbeitsangebote. „Ungeordnetes Verhalten" ist meist Ausdruck eines inneren Aufruhrs, von Langeweile, Unter- oder Überforderung usw. Durch die Arbeit mit einem strukturierenden Material beruhigen sich viele Schüler erstaunlich schnell und sind zu höchster Konzentration fähig, wenn die Arbeit zu ihnen passt. Auch dies habe ich oft genug selbst erlebt und kann dieses Phänomen auch ohne Montessorimaterial immer wieder in der Regelschule feststellen. Wenn Kinder „ihre" Aufgabe gefunden haben, arbeiten sie konzentriert und ganz auf sich bezogen und machen erstaunliche Fortschritte innerhalb kurzer Zeit.

Montessori in der Regelschule

Es ist durchaus möglich, Montessorikriterien auf eine Regelschulklasse zu übertragen, selbst wenn man kein Originalmaterial zur Hand hat und auf Jahrgangsmischung verzichten muss. Wichtig ist, die Schüler im Blick zu behalten und genau zu spüren, wann es notwendig ist, zu strukturieren, und wann man freie Arbeitsphasen anbieten kann. Meiner Meinung nach sind viele Kinder mit dem großen Angebot an Lernmöglichkeiten in einer Montessoriklasse zunächst überfordert, und nicht alle Kinder lernen, mit der Fülle der Angebote umzugehen. Eine Strukturierung des Lernstoffs halte ich durchaus für sinnvoll. Vor allem Schulanfänger sind leicht überfordert, wenn sie neben all den neuen Dingen, die in der Schule auf sie zukommen, auch noch entscheiden sollen, was sie lernen möchten. Ich gebe in den ersten Schulwochen aus diesem Grund die Themen und auch die Arbeitsweise vor, wobei ich verschiedene Arbeitsmethoden anbiete und ausprobieren lasse, damit das Repertoire der Schüler nach und nach größer wird. Immer wieder werden dann kleinere Freiarbeitsphasen durchgeführt, in denen bereits eingeführtes Material zur freien Verfügung steht und neues Stück für Stück vorgestellt werden kann. Es ist ratsam, nicht zu viel Freiarbeitsmaterial auf einmal in die Regale zu stellen, auch wenn dies den klassischen Regeln einer vorbereiteten Umgebung nach Maria Montessori widerspricht. Aber bedenken Sie, dass Sie nicht auf ältere Schüler bauen können, die den jüngeren helfen oder ein Material zeigen. Sie allein sind für eine ganze Klasse auf einmal zuständig und es ist einfach nicht möglich, mit der gebotenen Ruhe alle Materialien, die die Kinder interessieren, einzeln vorzuführen. Haben Sie also den Mut, den Materialbestand langsam anwachsen zu lassen, und stellen Sie immer nur das in Ihren Klassenraum, was Sie auch wirklich für geeignet halten.

In den gebundenen Unterrichtsphasen nutze ich vor allem zur Einführung neuer Sachverhalte möglichst montessoritaugliches Material. Immer wieder mache ich die Erfahrung, dass gerade bei abstrakten Themen das Hantieren mit strukturiertem Material ungemein nützlich ist. Auch Maria Montessori nutzte hin und wieder die Gruppe, um bestimmte Übungen möglichst gehaltvoll zu gestalten bzw. Materialien einzuführen. Denn die Kinder inspirieren sich gegenseitig und durch das gemeinsame Arbeiten klären sich manche Schwierigkeiten fast von alleine. Ist ein Material bekannt, so kann es jederzeit von einzelnen Schülern oder in Partnerarbeit weiter individuell genutzt werden. Wenn Sie merken, dass ein Kind mit einem neuen Lerninhalt nicht gut zurechtkommt, nutzen Sie die nächste Freiarbeitsphase, um mit ihm noch einmal ganz in Ruhe zu arbeiten. Dabei hilft dann die individuelle Darbietung des Materials. Ich habe bisher immer die Erfahrung gemacht, dass nach einer solchen Einzeldarbietung der Sachverhalt klar war und die Kinder im gebundenen Unterricht besser mitarbeiten konnten.

Wichtig ist vor allen Dingen, dass Ihnen Ihre Rolle als Lehrkraft klar ist. Montessoripädagogen verstehen sich in erster Linie als Helfer und Beobachter, sehen sich also in zweiter Reihe. Sie bereiten „im Verborgenen" vor und stellen Material zur Verfügung – dann treten sie einen Schritt zurück und lassen die Schüler entscheiden und in ihrem Tempo lernen. Dies wird man an einer Regelschule etwas anders organisieren müssen, denn hier gestalten und strukturieren Sie das Unterrichtsgeschehen. Trotzdem ist Beobachtung und Unterstützung möglich. Es gibt natürlich Lernbereiche, bei denen die Schüler mehr mitgestalten und auch Tempo und Arbeitsform bestimmen können (z. B. im Sachunterricht oder bei der Planung und Durchführung von Projekten), jedoch nicht so ausgeprägt wie in einer „echten" Montessoriklasse. Beobachten heißt, dass ich Fehler der Schüler wahrnehme, aber die Schüler nicht so verunsichere, dass sie sich gar nicht mehr an die Arbeit herantrauen. Ich biete Möglichkeiten zur Verbesserung an und schaffe dabei eine Atmosphäre, die Fehler erlaubt und als Teil des Lernprozesses ansieht und nicht als etwas, das es unbedingt zu bekämpfen gilt. Besonders der Bereich der Rechtschreibung ist sehr anfällig für Äußerungen wie z. B. „Das haben wir doch so oft geübt und noch immer schreibst Du das falsch!"

Beobachten heißt auch, herauszufinden, *warum* Schüler Fehler machen und ihnen mit Geduld und den passenden Übungen beizustehen. Viele Lernbereiche in der Schule unterliegen genauso der Entwicklung eines Kindes wie die Entwicklung der Persönlichkeit, der Feinmotorik usw., auch wenn immer wieder gerne behauptet wird, dass mit der *richtigen* Methode Leistungsunterschiede aufzuheben sind. Fördern bedeutet nicht, dass jegliche Leistungsgrenzen gesprengt werden können. Fördern bedeutet, dass jedes Kind sich gemäß *seiner Möglichkeiten* weiterentwickeln kann – und nicht alle Kinder haben die gleichen Möglichkeiten.

Montessorimaterial hat den Vorteil, dass so abstrakte Bereiche wie die Rechtschreibung mit Materialien veranschaulicht werden können. So wird z. B. das Phonogramm „sp" konkret in einem **Sp**iegel, den ich anfassen kann, in einem **Sp**itzer, mit dem ich **sp**itzen kann usw. Das heißt nicht, dass Ihre Schüler nach der Arbeit mit der Phonogrammkiste alle Wörter automatisch richtig mit „sp" schreiben. Sie werden sich aber besser an die Dinge erinnern, mit denen sie umgegangen sind und können aufmerksam werden auf andere Wörter, die genauso geschrieben werden. Die Lust am Forschen und Entdecken ist geweckt und damit wird auch das Lernen etwas leichter.

Zusammenfassend können wir also sagen, dass viele Grundsätze der Montessoripädagogik auch in Regelschulklassen umgesetzt werden können: Die beobachtende und helfende Lehrkraft hat hier genauso ihren Platz, auch wenn sie den Unterricht stärker lenkt und Freiarbeit nicht das vorherrschende Unterrichtsprinzip ist. Material, das den Kriterien Maria Montessoris entspricht, kann sowohl in der Gruppe als auch zur Einzel- oder Partnerarbeit genutzt werden. In ergänzenden Freiarbeitsphasen können die Schüler ganz nach ihrem Interesse aus vorhandenem Material auswählen und eigene Ideen entwickeln, die ihrem aktuellen Entwicklungsstand entsprechen. Hier unterstützt die Lehrkraft, ohne zu begrenzen. Eine vorbereitete Umgebung, die ansprechend und klar ist und durch ihre Ordnung strukturierend auf die Schüler wirkt, ist überall möglich.

Geben Sie Ihren Schülern möglichst oft die Möglichkeit, Lerninhalte als persönlich bedeutsam zu erleben, eigene Ideen umzusetzen und Lerninhalte strukturiert und in Einzelschritte zerlegt zu erarbeiten. Leben Sie als Lehrer vor, dass Fehler zum Lernprozess dazugehören und nicht vermieden oder gar ausgemerzt werden müssen. Seien Sie sich der Tatsache bewusst, dass Lernprozesse stets im Verborgenen geschehen, aber dass wir durch genaue Beobachtung der Schüler logische Schlüsse ziehen können, welcher Unterstützung sie noch bedürfen. Dies alles ist auch in der Regelschule möglich!

1.1.a Schreiben mit dem Buchstabenhaus

Ziele und Kompetenzen:
Das Buchstabenhaus ist eine Anlauttabelle zum Anfassen. Die Arbeit damit findet eigentlich zu Beginn des Schreiblernprozesses statt (siehe Schumacher, ²2013) und dient der Erarbeitung bzw. Festigung der Laut-Buchstaben-Zuordnung. Manche Schüler haben aber noch lange Probleme damit, *Buchstabengruppen* als Repräsentanten von Lauten (z. B. „St", „sch", „tz") herauszuhören und schriftlich zu fixieren. Auch kleinste Lautunterschiede (wie z. B. „t" oder „d") können geübt werden. Somit erweitert sich die Sprachkompetenz der Schüler und legt den Grundstein für die Rechtschreibkompetenz.

Beschreibung des Materials:
- Gegenstände zu einem bestimmten Rechtschreibphänomen oder Bilder dieser Gegenstände sowie die dazugehörigen Wortkarten
- Aufbewahrungskiste, in die die Gegenstände oder Bilder passen
- Setzkasten, in dessen Fächer die Buchstaben und Phonogramme (KV 1 📄/💿) geklebt sind
- Gegenstände, die den Buchstaben bzw. das Phonogramm im Anlaut (bzw. bei einigen Phonogrammen im In- oder Auslaut) haben und in das entsprechende Fach passen, oder Bilder dieser Gegenstände (KV 2 📄/💿)

Handhabung des Materials:
Legen Sie dem Kind einen Gegenstand oder das Bild eines Gegenstandes zu einem bestimmten Rechtschreibphänomen vor (am schönsten ist eine Kiste mit einer Auswahl an Gegenständen, aus denen das Kind selbst wählt). Das dazugehörige Wort sollte möglichst eindeutig und nicht zu lang sein (z. B. lieber „R**i**ng" statt „R**i**ngelnatter"). Das Kind benennt den Gegenstand und zerlegt das Wort durch langsames Sprechen in seine Einzellaute. Es schreibt die Laute auf, die es schon kennt. Bei unbekannten Lauten oder solchen, bei denen es unsicher ist, sucht es den Gegenstand im Buchstabenhaus, der den Laut als Anlaut enthält (bzw. als Auslaut wie z. B. bei „Ri**ng**"). Es vergleicht den Laut, den es beim Gegenstand des Buchstabenhauses hört, mit dem Laut, den es verschriftlichen möchte. Klingt er gleich, so schreibt das Kind den Buchstaben/die Buchstabenkombination auf, die im entsprechenden Fach angebracht ist. Das Kind schreibt nun alle Gegenstände aus der Kiste auf diese Weise untereinander auf. So ist ein Vergleich z. B. von Reimwörtern wie „**H**aus", „**M**aus", „**L**aus" gut möglich. Gemeinsamkeiten und Unterschiede werden auf diese Weise sichtbar und für das Kind nachvollziehbar.

Kontrollmöglichkeit:
Die Kontrolle erfolgt selbstständig mithilfe der Wortkarten.

Variationen:
- gemischte Themenkisten zur Festigung (z. B. Wörter mit „au", „ei" und „eu") anbieten
- als Hilfestellung die Anzahl der gehörten Laute z. B. mithilfe von Glassteinen sichtbar machen

→ Weitere theoretische Überlegungen zur Übung finden Sie auf Seite 8.

1.1.b Die aufgedruckten Buchstaben

Ziele und Kompetenzen:
Dieses Material wird eigentlich zur Vorbereitung des Lesens und Schreibens eingesetzt. Die Arbeit mit den aufgedruckten Buchstaben ist jedoch auch später noch eine gute Hilfe, Wörter mit schwierigen Buchstabenkombinationen zu analysieren und diese zu verschriftlichen. Somit wird bei den vorgestellten Übungen zunächst analysiert, ein Wort also in seine Bestandteile (Buchstaben) zerlegt, und dann wieder synthetisiert (mit den Buchstabenkarten zusammengesetzt). Reflexionskompetenz und Produktionskompetenz gehen so Hand in Hand und ein erstes Nachdenken über Sprache wird möglich.

Beschreibung des Materials:
- Gegenstände zu einem bestimmten Rechtschreibphänomen oder Bilder dieser Gegenstände (KV 3 /) sowie eine Kontrollkarte mit den entsprechenden Wörtern
- Kasten (z. B. Schraubenkasten aus dem Baumarkt), in dessen Fächern die Buchstabenkarten in Blau (KV 4) je zehn Mal liegen
- Kasten (z. B. Schraubenkasten aus dem Baumarkt), in dessen Fächern die Buchstabenkarten in Rot (KV 4) je zehn Mal liegen

Handhabung des Materials:
Legen Sie dem Kind einen Gegenstand oder das Bild eines Gegenstandes vor, der die zu übende Schwierigkeit enthält (z. B. „St"). Das Kind „schreibt" mit den blauen Buchstabenkarten das Wort. Wenn es die Schwierigkeit schon selbst entdeckt hat („Dieses Wort schreibt man mit ‚St'."), bitten Sie es, die besondere Buchstabenkombination mit den roten Karten zu legen. Nun fährt das Kind mit den übrigen Gegenständen bzw. Bildern ebenso fort. Falls das Kind nicht erkennt, dass die Wörter mit „St" geschrieben werden, legen Sie ihm die Kontrollkarte vor, auf der alle Wörter richtig geschrieben stehen. Das Kind verbessert seine Fehler und legt die schwierige Buchstabenkombination mit den roten Karten. Erst dann schreibt es die Wörter in sein Heft auf. Dabei färbt es „St" rot ein.

Kontrollmöglichkeit:
Die Kontrolle erfolgt selbstständig mithilfe der Kontrollkarte.

Variationen:
- weitere Wörter mit dem gleichen Phänomen suchen lassen (z. B. in Phonogrammkisten, siehe Seite 25)
- Wortkarten (KV 3 /) zum „Nachschreiben" anbieten (die Wörter werden erst nachgelegt und dann ins Heft geschrieben)
- Themenkisten mit Gegenständen bzw. Bildern und passenden Kontrollkarten bereitstellen (z. B. zu „Sp" oder „Sch")
- gemischte Themenkisten zur Festigung anbieten
- in Partnerarbeit bearbeiten lassen

→ Weitere theoretische Überlegungen zur Übung finden Sie auf Seite 9.

1.2.a Der Doppelkonsonantenkoffer

Ziele und Kompetenzen:
Dieses Material kann nicht als Originalmaterial bezeichnet werden, folgt jedoch strikt den Materialkriterien Montessoris und gilt als Variante oder Erweiterung der Phonogrammkisten. Hierbei wird die Aufmerksamkeit auf die besondere Schreibweise von Wörtern gelenkt, eine erste Regelhaftigkeit erarbeitet (kurzer Vokal weist auf Doppelkonsonant hin) und damit die Rechtschreibkompetenz angebahnt.

Beschreibung des Materials:
- Spielzeugkoffer mit Gegenständen oder Bildern von Gegenständen (KV 5 /), die mit einem Doppelkonsonanten geschrieben werden, sowie dazugehörige Wortkarten (KV 5 /)

Handhabung des Materials:
Das Kind ordnet die Gegenstände bzw. Bilder den passenden Wortkarten zu und liest dabei das Wort laut vor. Dann werden die Wörter untersucht: „Was fällt Dir auf?", „Kennst du noch andere Wörter, die so geschrieben werden?", „Wie hört sich der Vokal bei diesen Wörtern an?" (Unterscheidung zwischen lang gesprochenem Vokal und kurzem Vokal). Dabei sollte das Kind darauf aufmerksam gemacht werden, dass ein Wort manchmal so klingt, als käme nach dem Vokal ein Doppelkonsonant, wie z. B. bei „Hand". Auch hier wird das „a" recht kurz ausgesprochen, es folgen aber zwei **unterschiedliche** Konsonanten. Es muss thematisiert werden, dass der Klang eine Hilfe sein kann, jedoch nicht immer auf einen Doppelkonsonanten hinweist. (Sonst würde das Kind vielleicht „Ha**nn**d" schreiben wollen.) Meiner Meinung nach ist diese Erarbeitung sehr gut in der Gruppe durchführbar, da gemeinsam die Schwierigkeiten erörtert werden können und die Kinder sich gegenseitig mit ihren Gedanken anregen, weiter zu forschen.

Kontrollmöglichkeit:
Die Kontrolle erfolgt durch die Mitschüler.

Variationen:
- Wörter abschreiben und die Doppelkonsonanten einfärben oder einkreisen lassen
- weitere Wörter mit Doppelkonsonanten in Lesetexten oder eigenen Texten suchen und ins Heft „Meine Wörtersammlung" (KV 6) auf eine entsprechende Seite schreiben lassen (dieses beidseitig kopieren und in der Mitte falten lassen)
- die Wörter zuerst mit den Buchstabenkarten (KV 4) nachlegen lassen (Doppelkonsonanten mit roten Karten legen lassen)
- Koffer nur zu einem Doppelkonsonanten bestücken
- Koffer zu Doppelvokalen mit entsprechenden Gegenständen bzw. Bildern und passenden Wortkarten anbieten

→ Weitere theoretische Überlegungen zur Übung finden Sie auf Seite 11.

1.2.b Die Phonogrammkiste

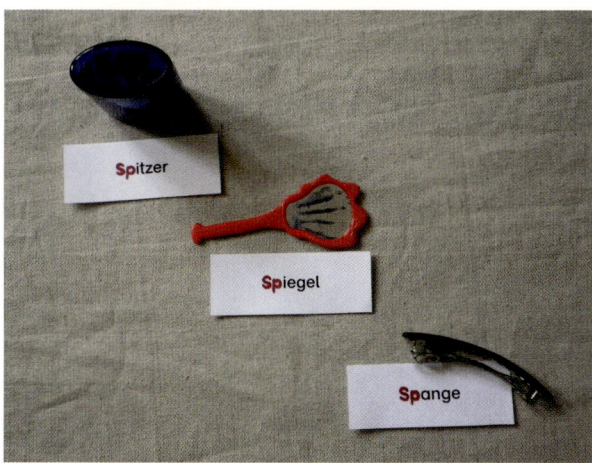

Ziele und Kompetenzen:
Die Festigung der Laut-Buchstaben-Zuordnung bei Wörtern mit Phonogrammen steht hier im Vordergrund. Die Schüler erkennen Ähnlichkeiten in der Schreibweise verschiedener Wörter.

Beschreibung des Materials:
- Kiste mit Gegenständen oder Bildern von Gegenständen (KV 7 /), die das Phonogramm „Sp" enthalten, sowie dazugehörige Wortkarten (KV 7 /)

Handhabung des Materials:
Das Kind ordnet die Gegenstände bzw. Bilder den passenden Wortkarten zu und erkennt, dass der immer wieder vorkommende Laut (hier „Sp") mit der Buchstabenkombination „s" und „p" geschrieben wird. Das Hantieren mit echten Gegenständen erleichtert den Bezug zur Lebenswelt der Kinder und macht Abstraktes begreifbar. Die Arbeit mit den Phonogrammkisten kann entweder nach einer Einführung mit den aufgedruckten Buchstaben (siehe Seite 23) erfolgen oder parallel dazu, sodass Kinder, denen Analyse und Synthese schon leichtfällt, nicht mehr mit den aufgedruckten Buchstaben arbeiten, jedoch zum gleichen Thema Übungen durchführen können.

Kontrollmöglichkeit:
Die Kontrolle erfolgt durch den Lehrer.

Variationen:
- Wörter aufschreiben und die Phonogramme einfärben oder einkreisen lassen
- weitere Wörter mit Phonogrammen in Lesetexten oder eigenen Texten suchen und ins Heft „Meine Wörtersammlung" (KV 6) auf eine entsprechende Seite schreiben lassen (dieses beidseitig kopieren und in der Mitte falten lassen)
- gemischte Phonogrammkisten anbieten
- die Wörter zuerst mit den Buchstabenkarten (KV 4) nachlegen lassen (Phonogramme mit roten Karten legen lassen)
- Wörter stempeln lassen

→ Weitere theoretische Überlegungen zur Übung finden Sie auf Seite 9.

1.3.a Die Nomenkiste

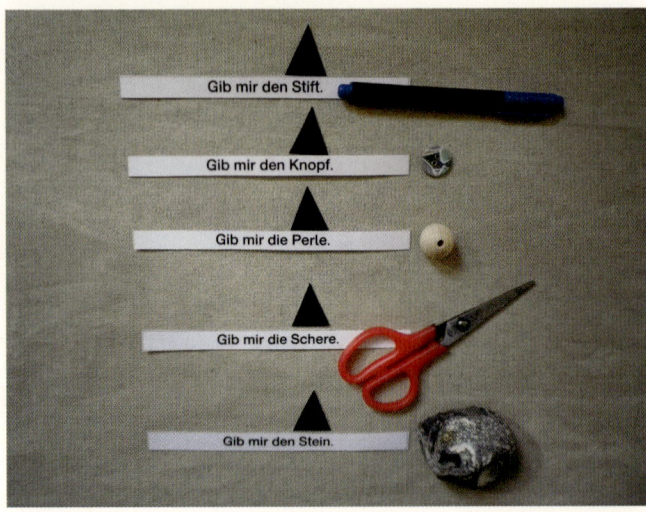

Ziele und Kompetenzen:
Mit der hier vorgestellten Nomenkiste erarbeitet man Funktion und Merkmale des Nomens, sodass die Schüler Nomen in einem Satz erkennen und beim Schreiben wissen, dass sie diese Wörter großschreiben müssen. Es geht hier um ein erstes Untersuchen von Sprache, wobei der Aspekt der Rechtschreibung im Vordergrund steht.

Beschreibung des Materials:
- mit einem großen schwarzen Dreieck beklebte Kiste, in der Satzstreifen, schwarze Dreiecke (beides KV 8 /) sowie passende Gegenstände liegen
- Unterlage zum Sortieren der Gegenstände und der zu ihnen gehörenden Satzstreifen und Dreiecke

Handhabung des Materials:
Holen Sie die Satzstreifen aus der Nomenkiste. Bei einer Einführung in der Gruppe geben Sie dem ersten Kind einen Satzstreifen zum Lesen. Fordern Sie das Kind dann dazu auf, Ihnen den erlesenen Gegenstand in die Hand zu geben und legen Sie den erhaltenen Gegenstand auf eine Unterlage (z. B. ein Tischset aus Filz). Den Satzstreifen legen Sie davor. Nun liest das nächste Kind und verfährt genauso. Sie platzieren den neuen Satzstreifen und den entsprechenden Gegenstand unter den ersten. Wenn alle Streifen gelesen und alle Gegenstände in gleicher Weise gelegt wurden, fragen Sie: „Welches Wort hat euch gesagt, was ich haben möchte?". Lassen Sie die Schüler die Gegenstände wiederholen und auf das Wort auf dem Satzstreifen zeigen. Legen Sie dann jedes Mal ein schwarzes Dreieck über das Wort. „Ihr seht, alle Dinge, die ihr genannt habt, habe ich mit einem schwarzen Dreieck markiert. Das Wort ‚Schere' sagt dir den Namen von diesem Ding ‚Schere'. Es ist also ein Namenwort oder Nomen. Wie ist der Name von diesem Gegenstand?" Sie zeigen nun auf den nächsten Gegenstand, ein Kind benennt ihn (z. B. „Stein"). Verfahren Sie so bis zum letzten Gegenstand. „Schaut euch nun genau an, wie diese Nomen geschrieben werden. Was fällt Euch auf?" Die Schüler erkennen, dass Nomen großgeschrieben werden.

Kontrollmöglichkeit:
Die Kontrolle erfolgt durch den Lehrer.

Variationen:
- Merkblatt zum Nomen (KV 9) mit Regeln, Symbol und Beispielen bearbeiten lassen
- Nomen zu unterschiedlichen Kategorien (z. B. Tiere auf dem Bauernhof) (KV 10) sammeln lassen

→ Weitere theoretische Überlegungen zur Übung finden Sie auf Seite 9.

1.3.b Die Verbenkiste

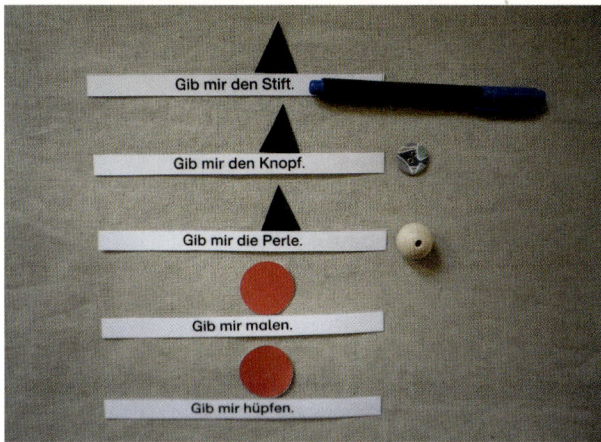

Ziele und Kompetenzen:
Mit der hier vorgestellten Verbenkiste erarbeitet man die Funktion des Verbs als „Tuwort" und dessen Schreibweise (in einem Satz klein), sodass die Schüler Verben in einem Satz erkennen und bei eigener Textproduktion diese Wörter kleinschreiben. Ein tiefer gehendes Wissen über Verben ist an dieser Stelle nicht vorgesehen.

Beschreibung des Materials:
- mit einem großen roten Kreis beklebte Kiste, in der Satzstreifen, rote Kreise (beides KV 11 /) sowie Papier und Stifte zum Malen liegen
- einige Satzstreifen aus der Nomenkiste (KV 8 /) sowie dazu passende Gegenstände
- Unterlage zum Sortieren der Gegenstände und der zu ihnen gehörenden Satzstreifen und Kreise

Handhabung des Materials:
Holen Sie die Satzstreifen aus der Verbenkiste. Bei der Einführung des Verbs wird zunächst das Nomen wiederholt: Geben Sie dem ersten Kind einen Satzstreifen aus der Nomenkiste zum Lesen. Fordern Sie das Kind dann dazu auf, Ihnen den erlesenen Gegenstand in die Hand zu geben und legen sie diesen auf eine Unterlage (z. B. ein Tischset aus Filz). Den Satzstreifen legen Sie davor. Nun liest das nächste Kind und verfährt genauso. Sie platzieren den neuen Satzstreifen und den entsprechenden Gegenstand unter den ersten. Nach etwa drei Sätzen dieser Art geben Sie einem Schüler einen neuen Satzstreifen (z. B. „Gib mir malen."). Das Kind liest den Satz wieder vor und sofort macht sich eine Irritation bemerkbar: „Das verstehe ich nicht!" Nun erarbeiten Sie gemeinsam mit den Schülern, dass man „malen" nicht geben, sondern *tun* kann. Fordern Sie das Kind auf, den Satzstreifen hinzulegen und die Tätigkeit zu malen. Nun geht es mit dem nächsten Satz weiter. Legen Sie die Satzstreifen immer untereinander und lassen Sie die Kinder die Tätigkeiten ausführen. Sind alle Sätze gelesen, fragen Sie wie beim Nomen: „Welche Wörter haben euch gesagt, was ihr tun solltet?". Legen Sie über die genannten Wörter den roten Kreis als Symbol für das Verb. „Diese Wörter sagen uns, was wir tun. Wir nennen Sie ‚Tuwörter' oder ‚Verb'. Schaut mal, wie wir diese Wörter schreiben!" Die Schüler erkennen, dass Verben kleingeschrieben werden.

Kontrollmöglichkeit:
Die Kontrolle erfolgt durch den Lehrer.

Variationen:
- Merkblatt zum Verb (CD KV 12) mit Regeln, Symbol und Beispielen bearbeiten lassen
- Verben zu unterschiedlichen Themen (z. B. „Das kann ich in der Schule tun") (KV 13) sammeln lassen

→ Weitere theoretische Überlegungen zur Übung finden Sie auf Seite 9 f.

1.4 Die Arbeit mit den beweglichen Pfeilen: Der Punkt

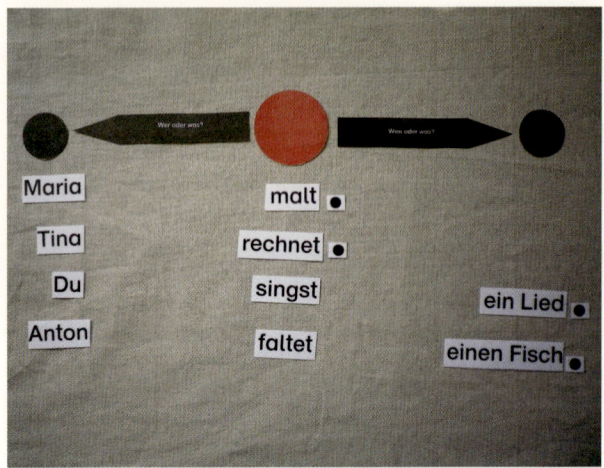

Ziele und Kompetenzen:
Die Schüler erarbeiten die Funktion des Punktes. Sie erhalten dabei auch Einblick in die Struktur von Aussagesätzen. Im Vordergrund steht jedoch die Erweiterung der Rechtschreibkompetenz in Zusammenhang mit dem Satzzeichen und dessen Funktion.

Beschreibung des Materials:
- mit Pfeil(en) und Kreisen beklebte Kiste, in der rote und schwarze Kreise, Satzstreifen, Pfeile und Punkte sowie eine Schere liegen (alles KV 14 ⌫/◎)
- leere Satzstreifen und dicke Filzstifte

Handhabung des Materials:
Die Einführung der Arbeit mit den beweglichen Pfeilen bietet sich in einem Sitzkreis mit der ganzen Klasse an. Der rote Kreis liegt in der Kreismitte. Ein Kind bekommt einen Satzstreifen (mit der einfachen Satzstruktur Subjekt und Prädikat) und liest ihn laut vor (z. B. „Maria malt."). Nun fragen Sie: „Welches Wort sagt uns, was geschieht?". Die Schüler erarbeiten, dass es das Wort „malt" ist. Daraufhin nehmen Sie den Satzstreifen, schneiden das Wort „malt" ab und legen es unter den roten Kreis. Dann fragen Sie: „Wer malt?" Die Schüler nennen das Subjekt (Maria). Legen Sie den schwarzen Pfeil mit der Aufschrift „Wer oder was?" links neben den roten Kreis und links davon einen schwarzen Kreis. Unter diesen schwarzen Kreis legen Sie den Satzteil „Maria". Lesen Sie den Satz noch einmal vor und legen Sie einen Punkt hinter „malt". Fassen Sie zusammen: „Das ist ein Satz. Wir wissen, was geschieht (jemand malt), und wir wissen, wer malt (Maria). Ein Satz endet mit einem Punkt." Lassen Sie noch einige Sätze nach diesem Schema bearbeiten, legen Sie dabei die bearbeiteten Sätze untereinander, sodass die Struktur gut sichtbar wird. Nun schreiben die Schüler selbst Sätze nach diesem Muster auf Satzstreifen und legen die Satzteile unter die beiden Symbole. Gegebenenfalls können Sie auch gleich die Begriffe „Subjekt" und „Prädikat" einführen. Achten Sie aber darauf, die Schüler damit nicht zu überfordern, und warten Sie damit gegebenenfalls noch etwas.

Kontrollmöglichkeit:
Die Kontrolle erfolgt durch den Lehrer.

Variationen:
- Übungsblätter mit der Satzstruktur Subjekt und Prädikat (KV 15 ◎) im Klassensatz kopieren und die Schüler damit individuell oder in Partnerarbeit üben lassen
- Sätze mit der Satzstruktur Subjekt, Prädikat und Objekt (KV 16 ◎) im Klassenverbund einführen und später in Einzel- oder Partnerarbeit auch diese Satzstruktur üben lassen (KV 17 ◎)
- Schüler aus eigenen Texten passende Sätze zerlegen lassen (sehr anspruchsvoll)

→ Weitere theoretische Überlegungen zur Übung finden Sie auf Seite 10.

1.5 Mit Reimübungen Schreibmuster erkennen: Die Reimwörterkiste

Ziele und Kompetenzen:
Hier geht es um das Erkennen von Ähnlichkeiten der Schreibweise bei ähnlich klingenden Wörtern, die Verfeinerung der akustischen Wahrnehmung (Reime hören) und die Erweiterung des Wortschatzes zur Festigung der Sprachkompetenz der Schüler.

Beschreibung des Materials:
- Kiste mit Gegenständen oder Bildern von Gegenständen (KV 18 /), die sich reimen, sowie dazugehörige Wortkarten (KV 18 /)
- leere Wortkarten und dicke schwarze und rote Filzstifte

Handhabung des Materials:
Legen Sie die Gegenstände oder deren Bilder in die Mitte des Sitzkreises. Lassen Sie die Schüler herausfinden, welche Gegenstände/Bilder zusammengehören, und diese zu Paaren ordnen. Legen Sie dann die Wortkarten ungeordnet hin. Schnell erkennen die Schüler, dass die Wortkarten zu den Bildern gehören, und ordnen diese zu. Richten Sie das Augenmerk der Schüler auf die Wörter. Die Wortteile, die gleich geschrieben werden und sich daher reimen, sind farblich abgesetzt. Die Schüler erkennen die Ähnlichkeiten. Fragen Sie dann nach weiteren Reimwörtern und schreiben Sie zunächst selbst die Wörter auf. Wenn die Schüler verstanden haben, dass Reimwörter gleich enden, können sie weitere Wortkarten selbst beschriften. Achten Sie darauf, dass die Wörter richtig geschrieben werden. Kommen Sie mit den Schülern ins Gespräch, wenn falsche Reime genannt werden, wie z. B. „Hun**d**" und „bun**t**". Besprechen Sie die Schwierigkeit, dass man nicht bei allen Wörtern sofort einen Unterschied hört. Die Schüler schreiben die besprochenen Reimwörter auf und färben die gleichen Wortteile rot ein.

Kontrollmöglichkeiten:
Die Kontrolle erfolgt durch den Lehrer oder mithilfe der Wortkarten.

Variationen:
- Reimwörter mit den Buchstabenkarten (KV 4) legen und dabei gleiche Wortteile in Rot legen lassen
- Reimwörter stempeln und dabei gleiche Wortteile farbig stempeln lassen
- „falsche" Reime thematisieren: Unterschiede farblich markieren, mit Buchstabenkarten (KV 4) legen und als Ausnahmen aufschreiben lassen
- kleine Reimgedichte verfassen und ins Heft „Meine Reimgedichte" (KV 19) schreiben lassen (dieses beidseitig kopieren und in der Mitte falten lassen)

→ Weitere theoretische Überlegungen zur Übung finden Sie auf Seite 11.

1.6 Das Abschreiben: Eigene Texte abschreiben

Ziele und Kompetenzen:
Beim Abschreiben festigen die Schüler die Schreibweise von Wörtern (Rechtschreibkompetenz), üben ordentliches und normgerechtes Schreiben (Produktionskompetenz), verbessern ihre Konzentrationsfähigkeit sowie die optische Wahrnehmung.

Beschreibung des Materials:
- Merkblatt (KV 20 ) sowie Ideenkartei zum Abschreiben (KV 21 )

Handhabung des Materials:
Bevor Sie das Abschreiben als individuelles Arbeitsangebot einführen, sollten Sie gemeinsam mit der ganzen Klasse die mögliche Vorgehensweise besprechen. Entweder Sie erstellen gemeinsam im Klassengespräch ein Plakat oder Sie erläutern die wichtigsten Punkte, die beim Abschreiben helfen. Sie können den Schülern auch das Merkblatt als Gedankenstütze aushändigen. Ich erlaube den Schülern immer, auch eigene Strategien beim Abschreiben anzuwenden, sofern diese sinnvoll sind. Ich bevorzuge Abschreibübungen mit eigenen Texten – zur Vorbereitung auf eine Veröffentlichung. Das Veröffentlichen von selbst verfassten Texten ermöglicht den Schüler die Erfahrung, dass ihre Ideen, Gedanken und Gefühle wichtig sind. Schreiben wird dann in unterschiedlichen Funktionen als sinnvoll erlebt. Die Texte können nach dem Abschreiben illustriert oder auf andere Art und Weise gestaltet werden (z. B. als konkrete Poesie). Dadurch werden sie optisch attraktiv und auch nach dem Vorlesen oder Lesen noch gerne bewundert (z. B. als „Gedichte an der Schnur"). Es ist auch möglich, dass Schüler einen fremden Text abschreiben, z. B. ein Gedicht aus dem Lesebuch, das sie sich in jedem Fall selbst aussuchen und sinnerfassend lesen können sollten. In diesem Fall ist das Abschreiben auch ein Teilaspekt bei der Aneignung eines fremden Textes und ermöglicht eine erste Auseinandersetzung mit Literatur. Als Inspiration kann Ihnen und Ihren Schülern die Ideenkartei dienen, die selbstverständlich beliebig erweiterbar ist.

Kontrollmöglichkeiten:
Die Kontrolle erfolgt zunächst durch die Schüler selbst und als Endkontrolle durch den Lehrer.

Variationen:
- besondere Papiere oder Stifte anbieten (z. B. Feder und Tinte oder buntes Papier)
- Texte auf besondere Untergründe schreiben lassen (z. B. auf Steine oder Stofftaschen)

→ Weitere theoretische Überlegungen zur Übung finden Sie auf Seite 10.

2.1.a Wörterlisten

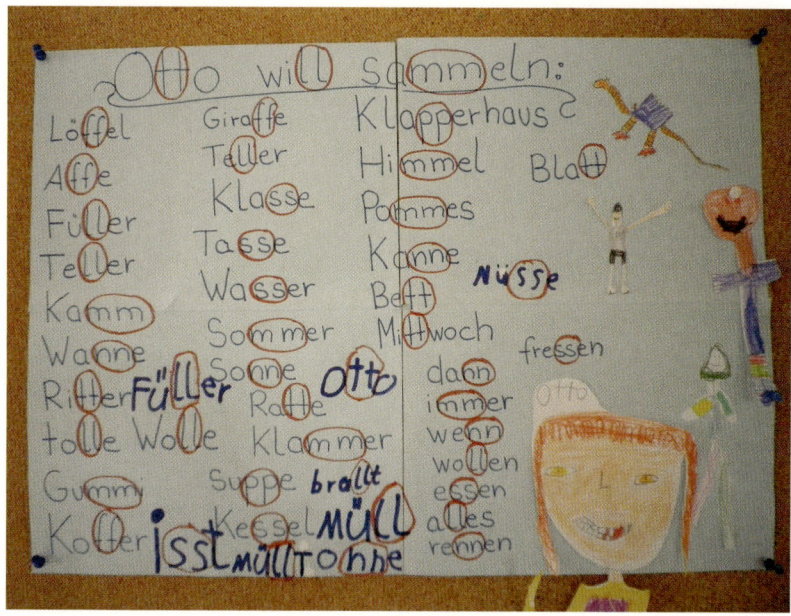

Kompetenzen und Ziele:
Mit dem Erstellen von Wörterlisten festigen die Schüler die Rechtschreibung von schwierigen Wörtern, z. B. mit Doppelkonsonanten. Die Schüler werden zum Forschen angeregt: Welche Wörter schreibt man noch mit Doppelkonsonanten, ie, Doppelvokal usw.?

Beschreibung des Materials:
- Geschichte zur Wörterliste „Otto will sammeln" (KV 22)
- Wörterliste „Otto will sammeln" (KV 23) als Plakat und im Klassensatz auf DIN-A4-Papier
- dicke Filzstifte

Handhabung des Materials:
Führen Sie die Arbeit mit der Wörterliste mit der Geschichte „Otto will sammeln" ein. Lesen Sie die Geschichte vor. Die Schüler erkennen, dass in dieser Geschichte viele Wörter mit Doppelkonsonanten vorkommen. Lesen sie die Geschichte noch einmal vor. Halten Sie nun zusammen mit den Schülern die Wörter mit Doppelkonsonanten auf dem Plakat fest. Fallen Ihren Schülern noch weitere Wörter mit Doppelkonsonanten ein? Füllen Sie das Plakat gemeinsam mit weiteren „Otto-Wörtern" und lassen Sie die Schüler eigene Wörter auf ihrer Wörterliste notieren. Wenn Sie vorher den Doppelkonsonantenkoffer (siehe Seite 24) eingeführt haben, können die Schüler das dort erworbene Wissen mit der Wörterliste verknüpfen. Die Wörterliste dient als Schreibhilfe, wenn ein Schüler sich nicht sicher ist, ob ein Wort mit Doppelkonsonanten geschrieben wird. Meist genügt dann nur ein kurzer Hinweis („Sonne ist ein Otto-Wort.") und schon weiß das betroffene Kind, was es beim Schreiben des Wortes beachten muss. Oft stellt sich bei der Arbeit mit den „Otto-Wörtern" die Frage, wer Otto ist. Ob das jedes Kind für sich entscheidet und seinen Otto entsprechend gestaltet, oder ob Sie sich auf einen bestimmten Otto einigen, bleibt Ihnen überlassen.

Kontrollmöglichkeit:
Die Kontrolle erfolgt durch den Lehrer.

Variationen:
- Wörterlisten zu anderen Phänomenen erstellen lassen (z. B. zu „ie") (KV 24)

→ Weitere theoretische Überlegungen zur Übung finden Sie auf Seite 13.

2.1.b Das Lexikon der schönen Dinge

Ziele und Kompetenzen:
Die Rechtschreibung von Wörtern aus der Lebenswelt der Schüler wird gefestigt, erste Einblicke in die Funktion eines Lexikons werden erarbeitet und die Produktionskompetenz wird durch das Verfassen kurzer Beschreibungen erweitert (Ausprobieren unterschiedlicher Textsorten).

Beschreibung des Materials:
- vorbereitetes Lexikon der schönen Dinge (KV 25 /) als Beispiel
- Lexikon der schönen Dinge (KV 25 /) im Klassensatz (beidseitig kopieren und in der Mitte falten lassen)
- Plakat mit der Überschrift „Unsere schönen Dinge" sowie dicke Filzstifte zum Beschreiben
- Bilder für das „Lexikon der schönen Dinge" (KV 26 /)

Handhabung des Materials:
Das Sammeln macht Kindern im Grundschulalter Spaß, denn sie nehmen damit Dinge in Besitz und legen sich einen „Schatz" zu. Diese Sammelfreude können Sie auch in Bezug auf Sprache nutzen. Beim „Lexikon der schönen Dinge" kommt hinzu, dass die Schüler frei entscheiden, was für sie schöne Dinge sind und welche dieser schönen Dinge es wert sind, in ihr Lexikon aufgenommen zu werden. Der Ehrgeiz, diese Wörter auch richtig aufzuschreiben, kommt dabei oft von alleine. Hinter jedem Wort, das in das Lexikon aufgenommen wird, steht zudem auch eine kleine Geschichte: Warum hast du dich für diesen Gegenstand entschieden? Was findest du an ihm schön? Bieten Sie als Einstieg Ihr persönliches „Lexikon der schönen Dinge" an. Meist ergibt sich ein Gespräch mit den Schülern, bei dem erörtert wird, was schöne Dinge sind und was nicht. Klären Sie dann den Begriff „Lexikon" und besprechen Sie die Notwendigkeit der richtigen Schreibweise der Wörter in einem Lexikon. Sie können zunächst auch „Unsere schönen Dinge" auf einem Plakat sammeln und beschriften lassen, bevor die Schüler an die individuelle Arbeit mit ihrem eigenen Lexikon gehen. Bieten Sie dabei zunächst vorsortierte Bilder an, deren Bezeichnungen nicht so schwer zu schreiben sind (z. B. „Rose", „Auto").

Kontrollmöglichkeit:
Die Kontrolle erfolgt durch den Lehrer.

Variationen:
- Schüler selbst Bilder mitbringen oder aus Prospekten und Zeitschriften ausschneiden lassen
- schöne Dinge zu bestimmten Themen sammeln lassen (z. B. zu einem Sachunterrichtsthema)
- kleine Texte zu den gesammelten schönen Dingen schreiben lassen (z. B. „Die Rose ist eine Blume.")

→ Weitere theoretische Überlegungen zur Übung finden Sie auf Seite 13.

2.1.c Die Reimwörtersammlung

Der Ball ist rund.
Mein Hund ist gesund.

Im Garten ist eine Rose.
Wo ist meine Hose?

Ich finde sie nicht.
Und das ist ein Gedicht!

Ziele und Kompetenzen:
Die Schreibweise von ähnlich klingenden Wörtern wird geübt, die akustische Wahrnehmung (Reime hören) wird verfeinert, der Wortschatz erweitert und erste literarische Erfahrungen durch das Verfassen von Reimgedichten ermöglicht.

Beschreibung des Materials:
- Reimgedicht (KV 27 /) als Beispiel
- DIN-A4-Papier zum Erstellen von Reimwörtersammlungen

Handhabung des Materials:
Nach der Arbeit mit der Reimwörterkiste (siehe Seite 29) können Sie die Sammelleidenschaft der Schüler anregen, indem Sie ihnen ein kurzes Reimgedicht zur Anregung vorlegen. Erklären Sie, dass mit einer Reimwörtersammlung solche Reimgedichte ganz leicht zu schreiben sind und starten Sie zunächst in der Gruppe mit dem Sammeln von Reimwörtern. Dabei können die Wörter nach ihrem Reim geordnet untereinander aufgeschrieben werden, also Wörter, die auf „und" enden usw. Lassen Sie die Schüler dann selbst Reimwörtersammlungen erstellen. Ähnlich wie bei den „Lieblingswörtern der Woche" (siehe Seite 34) bietet es sich an, die Reimwörter über mehrere Tage hinweg zu sammeln. Regen Sie Gespräche der Schüler untereinander über ihre Sammlungen an, damit sie sich gegenseitig Ideen liefern oder auch schon erste Korrekturen vornehmen können. Vor allem sehr ähnlich klingende Wörter sind nicht immer „richtige" Reimwörter und nicht alle Schüler können feinste Unterschiede heraushören.

Kontrollmöglichkeit:
Die Kontrolle erfolgt durch den Lehrer.

Variationen:
- mithilfe der Reimwörtersammlungen eigene kurze Reimgedichte ins Heft „Meine Reimgedichte" (KV 19) schreiben lassen (dieses beidseitig kopieren und in der Mitte falten lassen)

→ Weitere theoretische Überlegungen zur Übung finden Sie auf Seite 14.

2.1.d Lieblingswörter der Woche

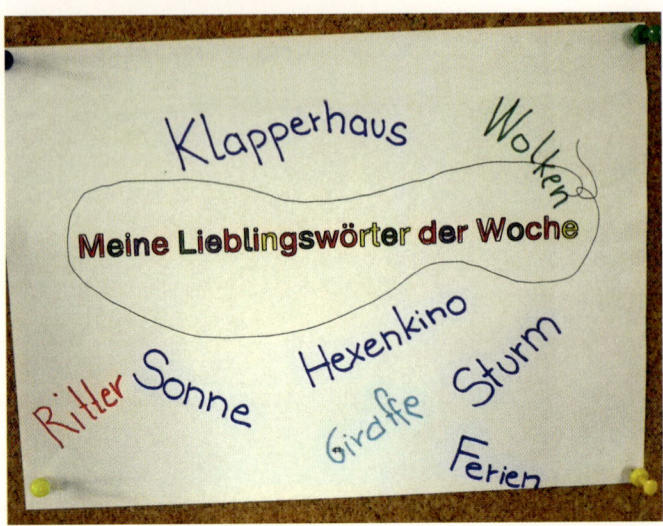

Ziele und Kompetenzen:
Mit diesem Schreibangebot ermöglichen Sie den Schülern eine Verfeinerung des Sprachgefühls, das Einprägen der richtigen Schreibweise von selbst ausgewählten Lieblingswörtern und eine Erweiterung des Wortschatzes.

Beschreibung des Materials:
- „Meine Lieblingswörter der Woche" (KV 28 /) mit Lieblingswörtern des Lehrers
- „Meine Lieblingswörter der Woche" (KV 28 /) als Plakat und im Klassensatz auf DIN-A4-Papier
- dicke Filzstifte und Notizblätter

Handhabung des Materials:
Bei den „Lieblingswörtern der Woche" geht es zunächst einmal darum, den emotionalen Zugang zu Sprache zu fördern. Dass Wörter schön klingen können, dass ihre Bedeutung uns berührt, dass wir manche Wörter mehr lieben als andere – dies alles sind Erfahrungen, die wir im Laufe unseres Lebens gemacht haben, weil wir uns mit Sprache beschäftigt haben. Schulanfänger haben Sprache bisher nur als Mittel zur Kommunikation oder als Informationsträger kennengelernt. Eine affektive Herangehensweise an Sprache findet in der Schule nur selten statt und meistens erst dann, wenn Gedichte besprochen bzw. interpretiert werden. Bieten Sie den Schülern Ihre eigenen Lieblingswörter an und begründen Sie Ihre Wahl. Fragen Sie die Schüler, ob sie auch ein Wort kennen, das ihnen besonders gut gefällt. Unterscheiden Sie im Gespräch zwischen dem Klang eines Wortes und seiner Bedeutung. Sammeln Sie spontan Wörter, die den Schülern gut gefallen. Auf einem Plakat kann man die Wörter notieren und dazuschreiben, wer sich für das Wort entschieden hat. Wenn Sie die Schüler das Plakat beschriften lassen, achten Sie auf die richtige Schreibweise (am besten erst auf einem Zettel vorschreiben lassen). Geben Sie den Schülern dann den Auftrag, im Laufe der Woche ihre eigenen Lieblingswörter zu notieren. Am Ende der Woche werden diese dann auf das Plakat übertragen.

Kontrollmöglichkeit:
Die Kontrolle erfolgt durch den Lehrer.

Variationen:
- Umfragen zum Lieblingswort durchführen lassen (bei anderen Schülern, zu Hause, bei Freunden usw.)
- aus drei Lieblingswörtern einen kurzen Text schreiben lassen

→ Weitere theoretische Überlegungen zur Übung finden Sie auf Seite 13 f.

2.2 Beschriftungen: Im Klassenzimmer

Ziele und Kompetenzen:
Beim Beschriften wird die Schreibweise von Nomen aus der Lebenswelt der Schüler geübt. Die Produktionskompetenz wird mit dieser einfachen Übung bereits zu einem sehr frühen Zeitpunkt im Schreiblernprozess gefördert.

Beschreibung des Materials:
- leere Karten (eventuell mit Lineatur) zum Aufstellen oder Aufkleben, dicke farbige Filzstifte, eventuell Klebestreifen
- Lösungsblatt „Im Klassenzimmer" (KV 29)

Handhabung des Materials:
Diese Übung bietet sich nicht für den gebundenen Unterricht an, sondern sollte in Einzel- oder Partnerarbeit durchgeführt werden. Weisen Sie zu Beginn auf das Lösungsblatt hin, das Sie zur Kontrolle nach dem Schreiben an die Schüler aushändigen. Erst wenn die Schüler ihre Karten selbst nach Fehlern durchsucht haben, überprüfen Sie noch einmal, ob alle Wörter richtig geschrieben wurden. Ich finde es sinnvoll, den Schüler zu erklären, dass ihre Beschriftungen ja für alle sichtbar sind, also veröffentlicht werden, und deshalb korrekt sein müssen. Ermutigen Sie die Schüler aber auch dazu, erst einmal „aus dem Bauch heraus" aufzuschreiben. So können Sie – und auch die Schüler – besser einschätzen, wie gut sie die Wörter schon schreiben können und wo vielleicht noch Übungsbedarf besteht (wenn Buchstaben vergessen werden, sollte das Lautieren verstärkt geübt werden usw.).

Kontrollmöglichkeiten:
Die Kontrolle erfolgt zunächst mithilfe des Lösungsblattes (KV 29) durch die Schüler selbst und als Endkontrolle durch den Lehrer.

Variationen:
- Dinge aus dem Schulranzen (KV 30), Puppenhausmöbel, Gegenstände aus dem Buchstabenhaus (siehe Seite 22) usw. beschriften lassen

→ Weitere theoretische Überlegungen zur Übung finden Sie auf Seite 14.

2.3.a Das Akrostichon

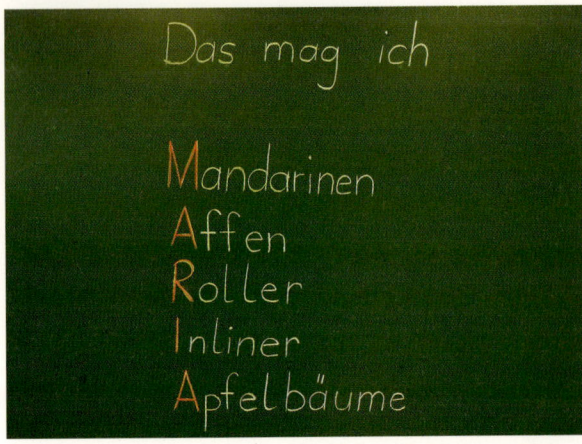

Ziele und Kompetenzen:
Die einfache Form des Akrostichons ermöglicht eine Konzentration auf die Schreibweise von Wörtern, z. B. von Nomen. Außerdem erweitert sich der Wortschatz über das Suchen von Wörtern nach ihren Anfangsbuchstaben. Verknüpft mit persönlichen Fragen, z. B. nach geliebten Dingen, fördert es die Selbstreflexion, ebenso wie das Aufschlüsseln des eigenen Namens in seine einzelnen Buchstaben. Das Verfassen eigener Gedichte fördert literarische Grunderfahrungen.

Beschreibung des Materials:
- Beispielakrostichon mit dem Namen des Lehrers
- farbige Blätter im Klassensatz, die eventuell bereits mit den Namen der Schüler beschriftet sind

Handhabung des Materials:
Schreiben Sie als Einstieg ein Akrostichon mit Ihrem eigenen Namen an die Tafel. So können die Schüler den Entstehungsprozess verfolgen und verstehen am schnellsten, wie ein Akrostichon aufgebaut ist: Die Buchstaben eines Wortes (Namens) werden untereinandergeschrieben (nur Großbuchstaben verwenden!). Jeder Buchstabe ist der Anfangsbuchstabe eines neuen Wortes, das waagerecht geschrieben wird. Lassen Sie die Schüler die Regeln gemeinsam formulieren und erstellen Sie mit einem erfundenen Namen ein gemeinsames Beispiel. Dann händigen Sie den Schülern farbige Blätter aus, die – je nach Leistungsvermögen der Schüler – bereits mit deren Namen beschriftet sind. Zu jedem Buchstaben schreiben die Schüler nun ein Nomen, das diesen Anfangsbuchstaben hat. Erlauben Sie Schülern, deren Name schwierige Buchstaben enthält (z. B. „Y" oder „CH"), zu „schummeln" und auch ein Wort zu schreiben, bei dem dieser Buchstabe in der Mitte oder am Ende steht. Besprechen Sie diese Ausnahme mit den betroffenen Kindern und geben Sie ihnen ein Beispiel. Bevor die Schüler ihr fertiges Akrostichon gestalten, kontrollieren Sie, ob alle gefundenen Nomen richtig geschrieben wurden.

Kontrollmöglichkeit:
Die Kontrolle erfolgt durch den Lehrer.

Variationen:
- Akrostichon zum eigenen Namen mit Nomen zu einem bestimmten Thema (z. B. „Das mag ich") schreiben lassen
- Akrostichon zu einem wichtigen Begriff aus dem Sachunterricht (z. B. als Abschluss des aktuellen Sachunterrichtthemas) schreiben lassen
- Akrostichon als Gruppenübung im Morgenkreis schreiben lassen (z. B. zum Wort „SONNTAG" mit dem Thema „Mein Wochenende") (KV 31 ⊚)
- Dichterlesung mit eigenen Akrosticha gestalten (dabei auf das richtige Vorlesen achten: erst von oben nach unten die neuen Wörter lesen, dann als Abschluss das Ursprungswort)

→ Weitere theoretische Überlegungen zur Übung finden Sie auf Seite 15.

2.3.b Das Notarikon

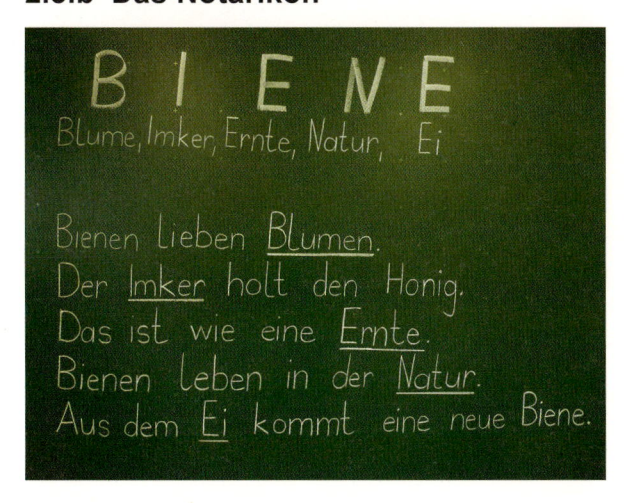

Ziele und Kompetenzen:
Die einfache Form des Notarikons erweitert den Wortschatz durch das Finden neuer Wörter zu einem bestimmten Buchstaben und Thema. Es sichert die richtige Schreibweise von Nomen zu einem bestimmten Thema (Lernwörter) und festigt die Regel der Großschreibung. Das Verfassen von kurzen, sinnvollen Sätzen wird geübt. Erste Einblicke in literarische Kleinformen werden ermöglicht.

Beschreibung des Materials:
- Anleitung für ein Notarikon (KV 32 /) im Klassensatz

Handhabung des Materials:
Schreiben Sie als Einstieg einen Begriff an die Tafel, der zurzeit im Unterricht Thema ist (z. B. „Biene"). Fordern Sie die Schüler auf, zu jedem Buchstaben des Wortes ein neues Wort zu finden, das zum Thema passt. Notieren Sie die Wörter unter dem entsprechenden Buchstaben. Fordern Sie die Schüler auf, zu jedem neuen Wort einen Satz zu formulieren. Dies geht im Klassenverband meistens recht schnell, vor allem, wenn das Thema geläufig ist. Nun können die Schüler mit einem anderen Wort zum gleichen Thema ein eigenes Notarikon schreiben. Lassen Sie die Schüler zunächst in Partnerarbeit gemeinsam ein Notarikon erstellen. Händigen Sie als Gedächtnisstütze die „Anleitung für ein Notarikon" aus.

Kontrollmöglichkeit:
Die Kontrolle erfolgt durch den Lehrer.

Variationen:
- Notarikon zum eigenen Namen schreiben lassen
- Dichterlesung gestalten (dabei auf das richtige Vorlesen achten: Ursprungswort als Überschrift)

→ Weitere theoretische Überlegungen zur Übung finden Sie auf Seite 15.

2.3.c Das Elfchen

> Hase
> sitzt drin
> im Sommerhaus drin
> draußen ist es kalt
> Winter

Ziele und Kompetenzen:
Das Elfchen eignet sich gut, um bereits nach wenigen Schulwochen „ganze Geschichten" zu erzählen. Dabei üben die Schüler Wörter von Sätzen und Silben zu unterscheiden. Sie lernen, wenige Wörter nach klaren Regeln zu kombinieren, sodass sie einen Sinn ergeben und eventuell eine kleine Geschichte erzählen. Außerdem lernen sie die Gedichtform Elfchen kennen. Produktions- und Reflexionskompetenz werden gefördert.

Beschreibung des Materials:
- vorbereitetes Beispielelfchen (KV 33 ▭/◉) an der Tafel
- Bauplan des Elfchens (KV 33 ▭/◉) im Klassensatz

Handhabung des Materials:
Lassen Sie das Beispielelfchen von den Schülern „erforschen". Helfen Sie eventuell mit Fragen nach: „Was fällt euch auf?", „Wie viele Zeilen gibt es?", „Zählt mal zusammen, aus wie vielen Wörtern dieses Gedicht besteht!" usw. Schreiben Sie dann einen Bauplan neben das Beispiel und klären Sie den Namen „Elfchen". Erstellen Sie nun mit den Schülern ein gemeinsames Elfchen. Geben Sie dabei das erste Wort vor. Weisen Sie die Schüler immer wieder darauf hin, dass jede Zeile etwas mit dem ersten Wort zu tun haben muss (sonst ergibt sich kein zusammenhängender Text). Stellen Sie immer wieder Fragen, wenn der Zusammenhang zu entgleiten droht (z. B. „Was kann ich über den Hasen erzählen?", „Warum ist er im Sommerhaus drin?" usw.). Achten Sie auch darauf, dass Silbe und Wort nicht verwechselt werden. Manche Kinder zählen ein Wort mit drei Silben als drei Wörter, weil es sehr lang ist und sie es dadurch automatisch in Sprechsilben zerlegen. Andere wiederum erkennen nicht, dass ihr „Wort" aus mehreren Wörtern besteht. Lassen Sie sich Zeit für die Analyse von Silbe und Wort. Es wird einige Schreibversuche lang dauern, bis die Schüler ein Elfchen richtig verfassen und sicher beim Zählen der Wörter werden. Nach der gemeinsamen Übung schreiben die Schüler dann in Einzelarbeit ein erstes Elfchen zu einem gemeinsam gefundenen Anfangswort. Dabei hilft ihnen der Bauplan.

Kontrollmöglichkeit:
Die Kontrolle erfolgt durch den Lehrer.

Variationen:
- Elfchen zu eigenen Anfangswörtern schreiben lassen
- Dichterlesung/Ausstellung mit eigenen Elfchen gestalten
- Elfchen zu Bildimpulsen (KV 34 ◉) schreiben lassen

→ Weitere theoretische Überlegungen zur Übung finden Sie auf Seite 15.

2.4.a Gemeinsam sind wir stark: Reihumgeschichten

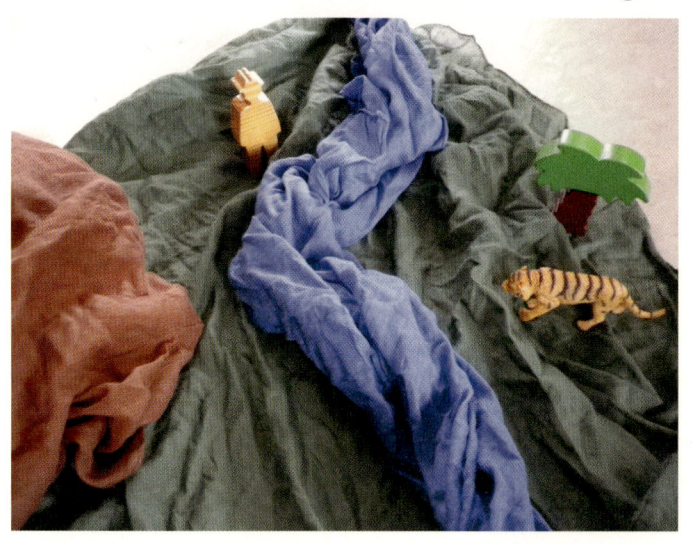

Ziele und Kompetenzen:
Das Erfinden von Reihumgeschichten fördert Fantasie, den logischen Aufbauen einer Handlung, das Entwickeln innerer Bilder und den mündlichen Ausdruck (Produktionskompetenz). Außerdem wird das Zuhören geschult und die Schüler müssen auf Äußerungen ihrer Mitschüler eingehen und sich darauf beziehen (Rezeptions- und Reflexionskompetenz). Kritik an geäußerten Vorschlägen muss angemessen und sachbezogen formuliert werden (Empathie). Nicht zuletzt stärkt das gemeinsame Erzählen die Klassengemeinschaft.

Beschreibung des Materials:
- Bild oder „Landschaft" aus Tüchern, Steinen, Figuren usw. als stummer Impuls

Handhabung des Materials:
Im ersten Schuljahr empfehle ich, Reihumgeschichten nur mündlich entwickeln zu lassen und das Notieren selbst zu übernehmen. Gestalten Sie mit einem Bild oder einer kleinen „Landschaft" aus Tüchern, Steinen, Figuren usw. einen stummen Impuls. Sammeln Sie zunächst die spontanen Ideen der Schüler und beginnen Sie dann mit einem ersten Satz. Am besten eignet sich dafür eine Einleitung wie: „Eines schönen Tages ..." oder „An einem schönen Morgen ...". Nach dem ersten Satz machen Sie eine Pause und fordern die Schüler auf, weiterzuerzählen. Anfangs kommt es häufig vor, dass die Schüler Ihnen halbe Sätze oder nur ein Wort sagen. Ich fordere die Kinder dann auf, ihren Satz noch einmal so zu sprechen, wie ihn die Mutter/der Vater aus einem Buch vorlesen würde. Diese Vorstellung einer Vorlesesituation hilft den Schülern erstaunlich gut. Mit der Zeit gelingt es ihnen immer besser, „vorgelesene Sätze" zu formulieren und sie greifen nicht selten auf die typische Wortwahl aus bekannten Geschichten zurück. Die ersten Reihumgeschichten müssen nicht sehr lang sein, zumal sich meistens nicht alle Kinder gleichermaßen daran beteiligen. Wenn die Klasse diese Erzählform besser kennt, können Sie auch stillere Kinder gezielt auffordern, einen Satz beizusteuern. Falls eine Geschichte droht, unverständlich oder unlogisch zu werden, weisen Sie mit Fragen darauf hin. Meistens erkennen die Schüler aber selbst, wenn etwas unverständlich wird und korrigieren sich gegenseitig. Schreiben Sie die fertige Geschichte ab und geben Sie jedem Schüler eine Geschichte zum Illustrieren. Damit gestaltet jedes Kind die gemeinsame Geschichte nach seinen Vorstellungen und macht sie sich zu eigen.

Kontrollmöglichkeiten:
Die Kontrolle erfolgt durch die Klasse oder den Lehrer.

Variationen:
- Reihumgeschichten zu Bildimpulsen (KV 34) in Kleingruppen entwickeln lassen

→ Weitere theoretische Überlegungen zur Übung finden Sie auf Seite 15 f.

2.4.b Minibücher schreiben

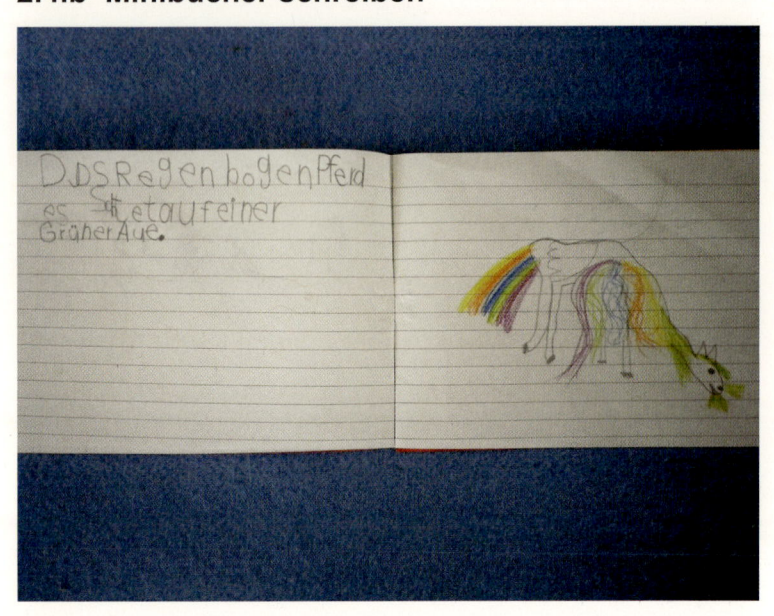

Ziele und Kompetenzen:
Beim Schreiben von Minibüchern lernen die Schüler, ihre Texte in Sinnabschnitte zu gliedern bzw. in kleinen Sinneinheiten zu verfassen. Lässt man zu jedem Sinnabschnitt noch Bilder malen, üben sie das Zusammenspiel von Text und Bild (Texterweiterung oder Textverständnis). Die Produktionskompetenz steht hier im Vordergrund.

Beschreibung des Materials:
- DIN-A4-Hefte mit passender Lineatur, die in der Mitte quer durchgeschnitten sind (so ergibt sich ein besonderes Format und Sie benötigen nur halb so viele Hefte wie Schüler in Ihrer Klasse sind)
- Anleitung zum Faltbuch (KV 35) und DIN-A4-Papier im Klassensatz
- mit weißem Papier beklebte Streichholzschachteln und passende Papierstreifen zum Hineinkleben (KV 36)

Handhabung des Materials:
Das Erstellen von Minibüchern ist immer ein inspirierendes Schreibangebot. Die einfachste Möglichkeit für ein Minibuch ist das Bereitstellen von DIN-A4-Heften, die in der Mitte quer durchgeschnitten sind. In diesen Minibüchern können mehrere Geschichten gesammelt werden. Meistens möchten die Schüler ihre Geschichten illustrieren. Damit die Schüler nicht auf die Lineatur malen müssen, können Sie sie auf weißes Papier malen und ihr Bild ins Heft kleben lassen. Mit buntem Papier von außen beklebt und individuell gestaltet, sind die Minibücher sehr schön anzusehen. Alternativ können statt der Hefte auch Faltbücher hergestellt werden. Je nach Leistungsvermögen der Schüler, können Sie ihnen beim Falten helfen oder ihnen eine Anleitung geben. Wenn Sie wenig motivierte Schüler zum Schreiben anregen möchten, bieten sich „Geschichten in der Schachtel" an. Bei diesen kann die Geschichte sehr kurz sein und z. B. nur aus einem einzigen Satz und einem Bild bestehen. Die Geschichte wird auf einen Papierstreifen geschrieben und so gefaltet, dass sie in die Schachtel passt. Das Bild wird vom Schüler auf die Schachtel gemalt. Es gibt unzählige Arten von Minibüchern. Oft haben die Kinder auch selbst tolle Ideen, mit denen sie sich immer wieder gegenseitig anstecken!

Kontrollmöglichkeiten:
Die Kontrolle erfolgt durch den Lehrer.

→ Weitere theoretische Überlegungen zur Übung finden Sie auf Seite 16.

Auflistung der Kopiervorlagen

Kopiervorlagen im Buch und auf CD

- KV 1: Buchstabenkarten für das Buchstabenhaus
- KV 2: Bildkarten für das Buchstabenhaus
- KV 3: Bild- und Wortkarten zum „St"
- KV 5: Bild- und Wortkarten zu Doppelkonsonanten
- KV 7: Bild- und Wortkarten zum „Sp"
- KV 8: Satzstreifen und schwarze Dreiecke für die Nomenkiste
- KV 11: Satzstreifen und Kreise für die Verbenkiste
- KV 14: Kreise, Pfeil, Satzstreifen und Punkte für die Arbeit mit den beweglichen Pfeilen (Subjekt und Prädikat)
- KV 18: Bild- und Wortkarten zu den Reimwörtern
- KV 20: Merkblatt zum Abschreiben
- KV 21: Ideenkartei zum Abschreiben
- KV 22: Geschichte zur Wörterliste „Otto will sammeln"
- KV 23: Wörterliste „Otto will sammeln"
- KV 25: Lexikon der schönen Dinge
- KV 26: Bilder für das „Lexikon der schönen Dinge"
- KV 27: Reimgedicht
- KV 28: Wörtersammlung „Meine Lieblingswörter der Woche"
- KV 29: Lösungsblatt „Im Klassenzimmer"
- KV 32: Anleitung für ein Notarikon
- KV 33: Beispiel und Bauplan eines Elfchens
- KV 35: Anleitung für ein Faltbuch
- KV 36: Papierstreifen und Ummantelung für die „Geschichte in der Schachtel"

Zusätzliche Kopiervorlagen auf CD

- KV 4: Buchstabenkarten in Blau und Rot
- KV 6: Heft „Meine Wörtersammlung"
- KV 9: Merkblatt zum Nomen
- KV 10: Nomensammlung
- KV 12: Merkblatt zum Verb
- KV 13: Verbensammlung
- KV 15: Übungsblätter mit der Satzstruktur Subjekt und Prädikat
- KV 16: Kreise, Pfeile, Satzstreifen und Punkte für die Arbeit mit den beweglichen Pfeilen (Subjekt, Prädikat und Objekt)
- KV 17: Übungsblätter mit der Satzstruktur Subjekt, Prädikat und Objekt
- KV 19: Heft „Meine Reimgedichte"
- KV 24: Wörterlisten
- KV 30: Lösungsblatt „In meinem Schulranzen"
- KV 31: Akrostichon-Vorlagen
- KV 34: Bildimpulse für Elfchen und Reihumgeschichten

KV 1: Buchstabenkarten für das Buchstabenhaus (1)

A	B	C	D
a	b	c	d
E	F	G	H
e	f	g	h
I	J	K	L
i	j	k	l
M	N	O	P
m	n	o	p
Q	R	S	T
q	r	s	t
U	V	W	X
u	v	w	x

KV 1: Buchstabenkarten für das Buchstabenhaus (1)

KV 1: Buchstabenkarten für das Buchstabenhaus (2)

Y y	Z z	Au au	Ei ei
Eu eu	Ch ch	…chs	…ck
ie	…ng	…nk	Pf pf
Sch sch	Sp sp	St st	…tz
Ä ä	ai	Äu äu	Ö ö
Ü ü	Qu qu		

„Q" wurde sowohl als Einzelbuchstabe als auch in Kombination („Qu") aufgeführt, da es nur so in Wörtern auftaucht. Da sich die Aussprache in der Kombination nicht ändert, kann der Einzelbuchstabe auch weggelassen werden.

C. Kopiervorlagen

KV 2: Bildkarten für das Buchstabenhaus (1)

44

KV 2: Bildkarten für das Buchstabenhaus (2)

C. Kopiervorlagen

KV 2: Bildkarten für das Buchstabenhaus (3)

46

KV 2: Bildkarten für das Buchstabenhaus (4)

C. Kopiervorlagen

KV 3: Bild- und Wortkarten zum „St"

★	Stern
✏️	Stift
🪑	Stuhl
🌳	Strauch
👢	Stiefel
👦	Stirn

KV 5: Bild- und Wortkarten zu Doppelkonsonanten

	Ta**ss**e
	Ri**tt**er
	Ka**mm**
	Te**ll**er
	Lö**ff**el
	Pfa**nn**e

C. Kopiervorlagen

KV 7: Bild- und Wortkarten zum „Sp"

	Spinne
	Spitzer
	Spange
	Spiegel
	Spiel
	Specht

50

KV 8: Satzstreifen und schwarze Dreiecke für die Nomenkiste

Gib mir den Stein.

Gib mir die Kerze.

Gib mir den Stift.

Gib mir den Kleber.

Gib mir die Kreide.

Gib mir die Schere.

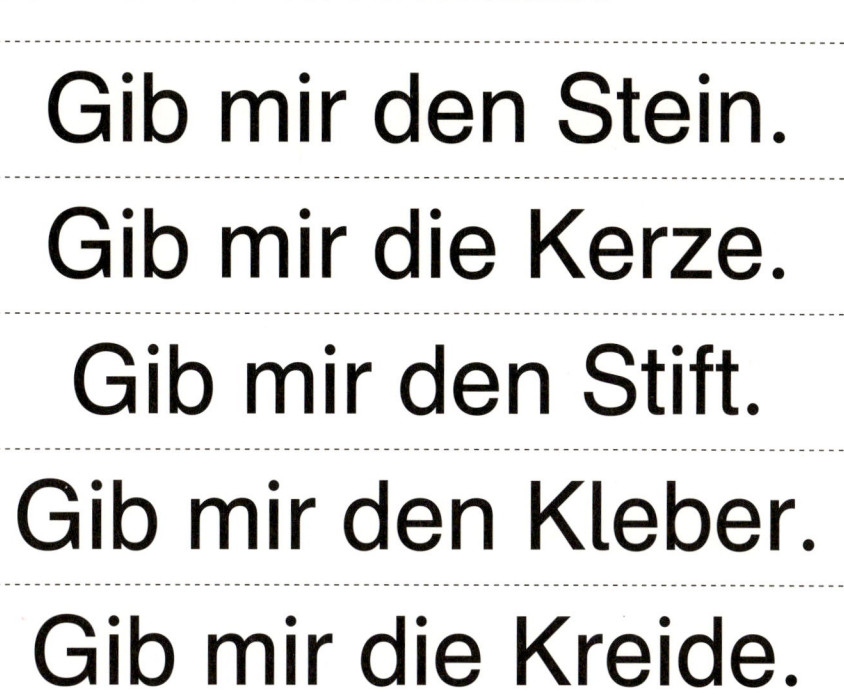

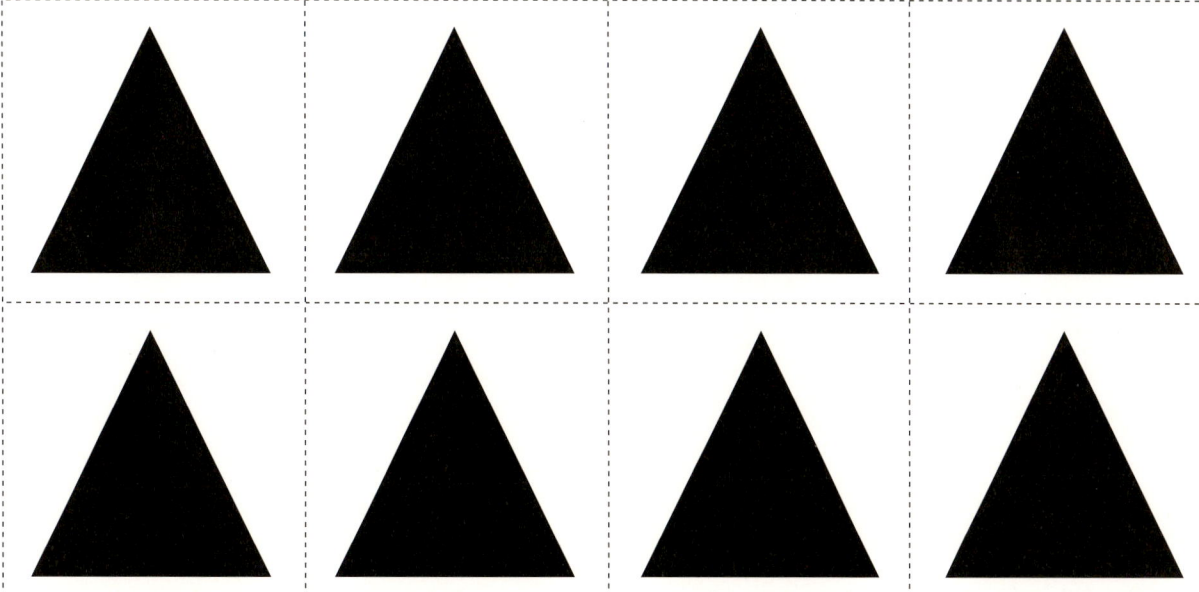

Gib mir die Perle.

Gib mir den Knopf.

C. Kopiervorlagen

KV 11: Satzstreifen und Kreise für die Verbenkiste

Gib mir springen.

Gib mir tanzen.

Gib mir singen.

Gib mir malen.

Gib mir lesen.

Gib mir hüpfen.

Gib mir pfeifen.

Gib mir schleichen.

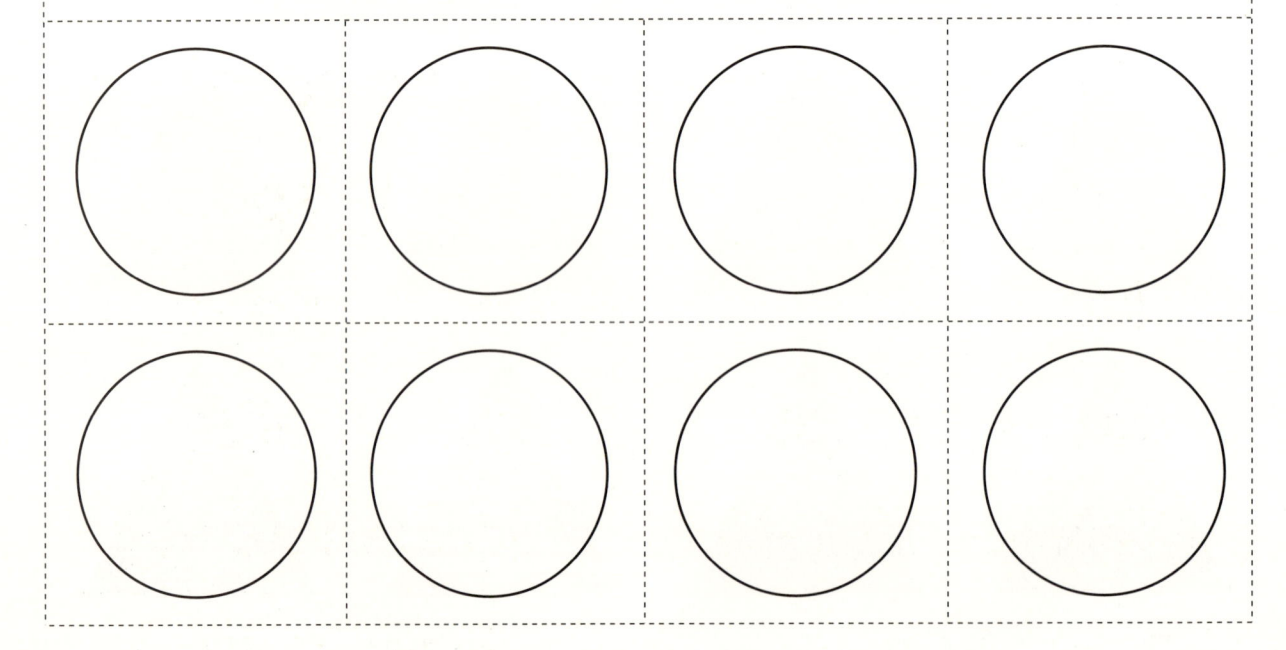

Die Kreise sind vor dem Einsatz rot einzufärben.

KV 14: Kreise, Pfeil, Satzstreifen und Punkte für die Arbeit mit den beweglichen Pfeilen (Subjekt und Prädikat)

Wer oder was?

Maria malt	Tina rechnet
Du singst	Wir lesen
Tino isst	Emma spielt
Ich schweige	Meine Tante rennt
Laura bastelt	Sie schreiben
Nina baut	Johann putzt
Deine Oma strickt	Paul lacht

Der große Kreis ist vor dem Einsatz rot einzufärben.

C. Kopiervorlagen

KV 18: Bild- und Wortkarten zu den Reimwörtern (1)

	Reis
	Kreis
	Flasche
	Tasche
	Hund
	Mund

KV 18: Bild- und Wortkarten zu den Reimwörtern (2)

🐭	**M**aus
🏠	**H**aus
✋	**H**and
(Sand)	**S**and
(Tisch)	**T**isch
🐟	**F**isch

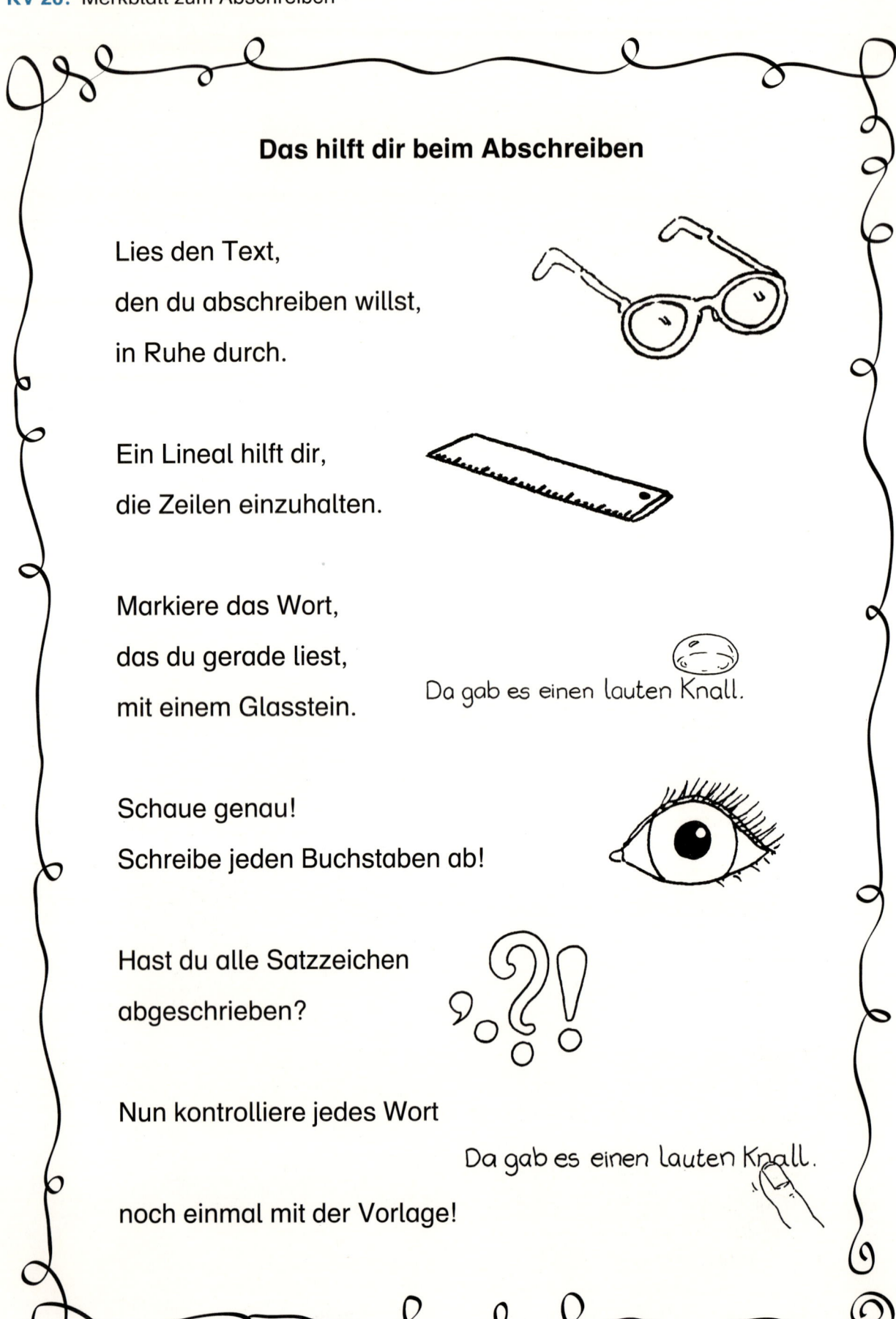

KV 20: Merkblatt zum Abschreiben

Das hilft dir beim Abschreiben

Lies den Text,

den du abschreiben willst,

in Ruhe durch.

Ein Lineal hilft dir,

die Zeilen einzuhalten.

Markiere das Wort,

das du gerade liest,

mit einem Glasstein.

Schaue genau!

Schreibe jeden Buchstaben ab!

Hast du alle Satzzeichen

abgeschrieben?

Nun kontrolliere jedes Wort

noch einmal mit der Vorlage!

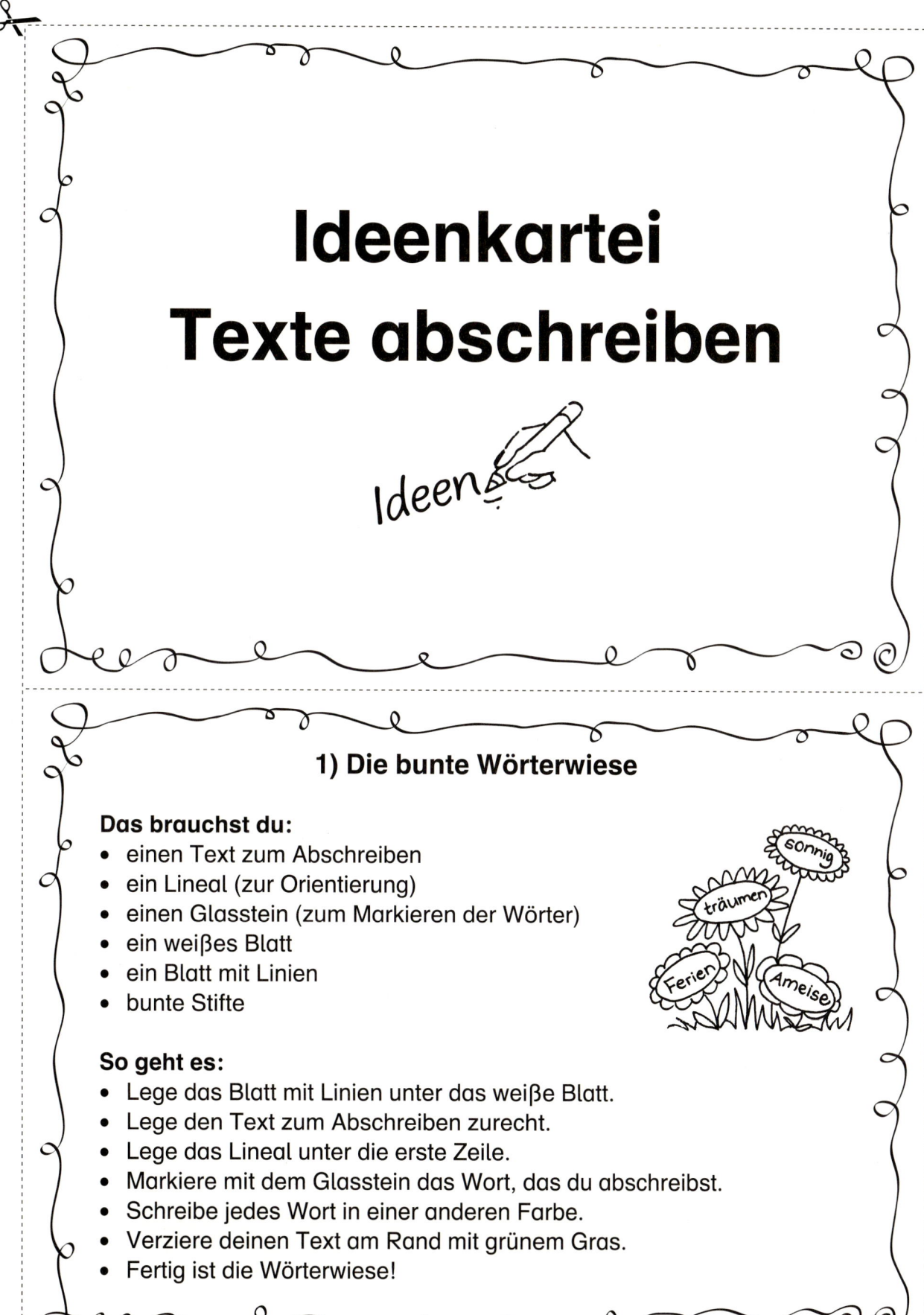

KV 21: Ideenkartei zum Abschreiben (1)

Ideenkartei
Texte abschreiben

Ideen

1) Die bunte Wörterwiese

Das brauchst du:
- einen Text zum Abschreiben
- ein Lineal (zur Orientierung)
- einen Glasstein (zum Markieren der Wörter)
- ein weißes Blatt
- ein Blatt mit Linien
- bunte Stifte

So geht es:
- Lege das Blatt mit Linien unter das weiße Blatt.
- Lege den Text zum Abschreiben zurecht.
- Lege das Lineal unter die erste Zeile.
- Markiere mit dem Glasstein das Wort, das du abschreibst.
- Schreibe jedes Wort in einer anderen Farbe.
- Verziere deinen Text am Rand mit grünem Gras.
- Fertig ist die Wörterwiese!

KV 21: Ideenkartei zum Abschreiben (2)

2) Weiß auf Schwarz

Das brauchst du:
- einen Text zum Abschreiben
- ein Lineal (zur Orientierung)
- einen Glasstein (zum Markieren der Wörter)
- ein Blatt schwarzes Tonpapier
- einen weißen, spitzen Stift

Auf dem schwarzen Papier siehst du keine Linien. Wenn du unsicher bist, nimm nur einen kurzen Text zum Abschreiben!

So geht es:
- Lege den Text, den du abschreiben möchtest, zurecht.
- Lege das Lineal unter die erste Zeile.
- Markiere mit dem Glasstein das Wort, das du abschreibst.
- Schreibe mit dem weißen Stift deinen Text auf das schwarze Blatt.
- Gestalte einen Schmuckrand – vielleicht mit Sternen, wie in dunkler Nacht?

Du kannst Fehler nicht korrigieren. Arbeite langsam und konzentriert!

3) Stoffmalerei

Das brauchst du:
- einen Text zum Abschreiben
- ein Lineal (zur Orientierung)
- einen Glasstein (zum Markieren der Wörter)
- ein Blatt mit Linien
- feine Stoffmalstifte
- ein glattes Stück Stoff (z. B. eine Tasche), durch das du die Linien sehen kannst
- Stecknadeln (zum Befestigen des Blattes)

Das Schreiben auf Stoff ist nicht leicht. Nimm lieber einen kurzen Text!

So geht es:
- Lege das Blatt mit Linien unter den Stoff und stecke es an jeder Ecke mit einer Stecknadel fest.
- Lege den Text, den du abschreiben möchtest, zurecht.
- Lege das Lineal unter die erste Zeile.
- Markiere mit dem Glasstein das Wort, das du abschreibst.
- Schreibe mit dem Stoffmalstift deinen Text auf den Stoff.
- Fertig ist die Stoffmalerei!

Du kannst Fehler nicht korrigieren. Arbeite langsam und konzentriert!

KV 21: Ideenkartei zum Abschreiben (3)

4) Geschichten an der Schnur

Das brauchst du:
- einen Text zum Abschreiben
- ein Lineal (zur Orientierung)
- einen Glasstein (zum Markieren der Wörter)
- ein Blatt mit Linien
- Stifte deiner Wahl
- buntes Papier deiner Wahl
- Schere und Kleber

So geht es:
- Lege den Text, den du abschreiben möchtest, zurecht.
- Lege das Lineal unter die erste Zeile.
- Markiere mit dem Glasstein das Wort, das du abschreibst.
- Schreibe den Text auf das Blatt mit Linien.
- Schneide den abgeschriebenen Text aus und klebe ihn auf ein buntes Blatt Papier.
- Male ein Bild zu deinem Text.
- Hänge deine Geschichte im Klassenzimmer an die Geschichtenschnur.

5) Federleicht

Das brauchst du:
- einen Text zum Abschreiben
- ein Lineal (zur Orientierung)
- einen Glasstein (zum Markieren der Wörter)
- ein Blatt mit Linien
- ein Tintenfass und eine Schreibfeder

> Mit einer Schreibfeder lässt es sich schwerer schreiben, weil sie auf dem Papier kratzt. Drücke nicht zu fest auf, sonst verbiegst du die Feder oder das Papier reißt.

So geht es:
- Lege den Text, den du abschreiben möchtest, zurecht.
- Lege das Lineal unter die erste Zeile.
- Markiere mit dem Glasstein das Wort, das du abschreibst.
- Schreibe den Text auf das Linienblatt. Tauche dazu die Schreibfeder mit der Spitze in die Tinte (nicht zu viel, sonst tropft es) und schreibe dann vorsichtig auf das Blatt mit Linien.
- Bei manchen Tinten kann man Fehler nicht korrigieren. Schreibe langsam und konzentriert!

KV 22: Geschichte zur Wörterliste „Otto will sammeln"

Otto will sammeln

Eines Morgens wachte Otto auf und hatte eine Idee: „Ich will Sammler werden!". Voller Tatendrang stieg er aus dem Bett und kochte sich eine Kanne Tee. Wie jeden Morgen nahm er seine Tasse mit nach draußen auf die Terrasse und schaute den Hügel hinunter. „Was könnte ich nur sammeln?", überlegte er. Als er seinen Tee ausgetrunken hatte, nahm er einen großen Sack, schwang ihn über die Schulter und stapfte los. „Ich sammle einfach alles, was ich so finden kann", dachte er.

Als Erstes fand er ein **Lasso**. „Das hat wohl ein Cowboy verloren", überlegte Otto und steckte es in seinen Sack. Dann fand er einen alten **Teller**. Als Nächstes sammelte er die **Wolle** von den Schafen ein, die sich am Zaun der Weide verfangen hatte. Am Mittag war sein Sack schon ganz schön schwer geworden. Im Schatten eines Baumes machte er Rast und betrachtete seine Schätze: Außer dem Lasso, dem Teller und der Wolle hatte er noch eine kaputte **Puppe** gefunden, eine **Tasse**, ein wunderschönes **Blatt**, einen erfrorenen **Schmetterling**. Aus Kastanien bastelte er eine **Kette** und legte sie zu den anderen Fundstücken. Dann legte er sich auf die Wiese, um auszuruhen. „Schade, dass ich den **Himmel** nicht in meinen Sack stecken kann. Ich mag den Himmel!", dachte Otto, bevor er einschlief. Als er aufwachte, wusste er für einen kurzen Moment nicht so recht, wo er war. Aber dann fiel es ihm wieder ein und eilig schwang er sich den Sack über die Schulter, um weiterzugehen. Pfeifend machte er sich auf den Weg und schaute immer wieder, ob es nicht etwas Schönes zum Sammeln gäbe. Er sah die gelben **Butterblumen** auf der Wiese, betrachtete die **Wellen** des Baches und hörte zu, wie die Enten miteinander schnatterten. Aber alles das konnte er nicht in seinen Sack stecken! Nachdenklich ging Otto weiter. Plötzlich hatte er eine Idee: „Man kann Dinge auch anders sammeln. Den Himmel kann ich zwar nicht in meinen Sack stecken, aber ich kann ihn aufschreiben. Worte kann man in einem kleinen Buch sammeln! Das nimmt nicht viel Platz weg und aus Worten kann man Geschichten und Gedichte schreiben. Immer wieder kann ich mir neue Geschichten ausdenken – sie werden nicht faul oder trocknen ein. Sie stinken nicht und brauchen nicht gefüttert zu werden!" Otto war ganz begeistert von seiner Idee und kaufte sich im nächsten Dorf ein kleines Heft und einen Bleistift. Dann setzte er sich an den Tisch eines Rastplatzes und schrieb alle Dinge auf, die er in seinem Sack gesammelt hatte. Als er damit fertig war, schrieb er auch die Dinge auf, die er bei seiner Wanderung gesehen hatte, aber nicht in seinen Sack stecken konnte.

Schließlich betrachtete er stolz seine Wortsammlung. „Eine schöne Sammlung habe ich da!", lobte er sich. „Und alle Wörter passen zu mir!"

Zufrieden packte Otto sein Sammelheft ein und ging zurück nach Hause. Als er in seinem Bett lag, taten ihm von der großen Wanderung die Füße weh. Aber er war glücklich, denn er wusste, er würde noch viele Wörter in sein Heft schreiben können, die zu den anderen passten. Und viele Geschichten würde er mit diesen Wörtern erfinden können!

KV 23: Wörterliste „Otto will sammeln"

Otto will sammeln

Otto

KV 25: Lexikon der schönen Dinge (1)

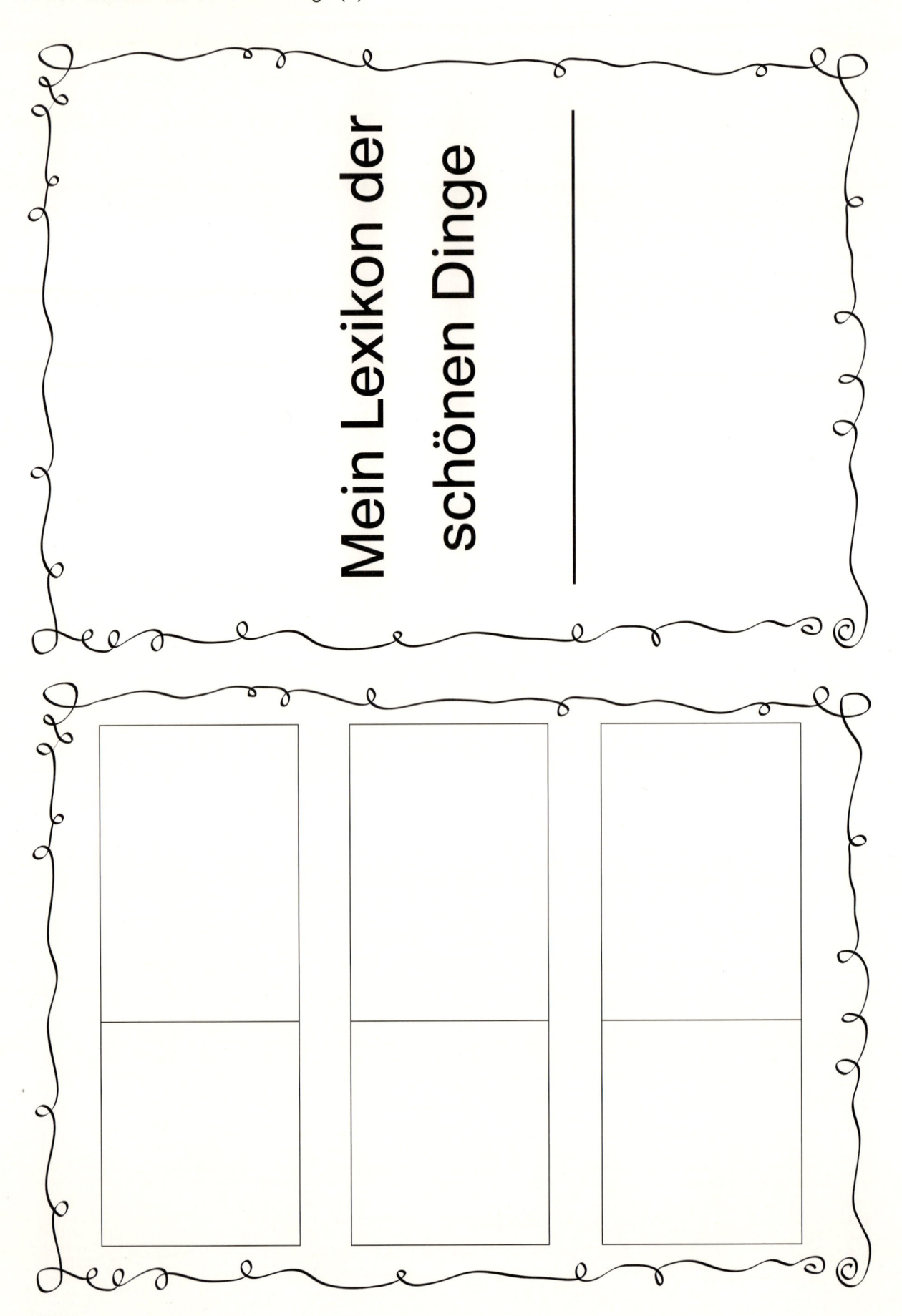

Mein Lexikon der schönen Dinge

KV 25: Lexikon der schönen Dinge (2)

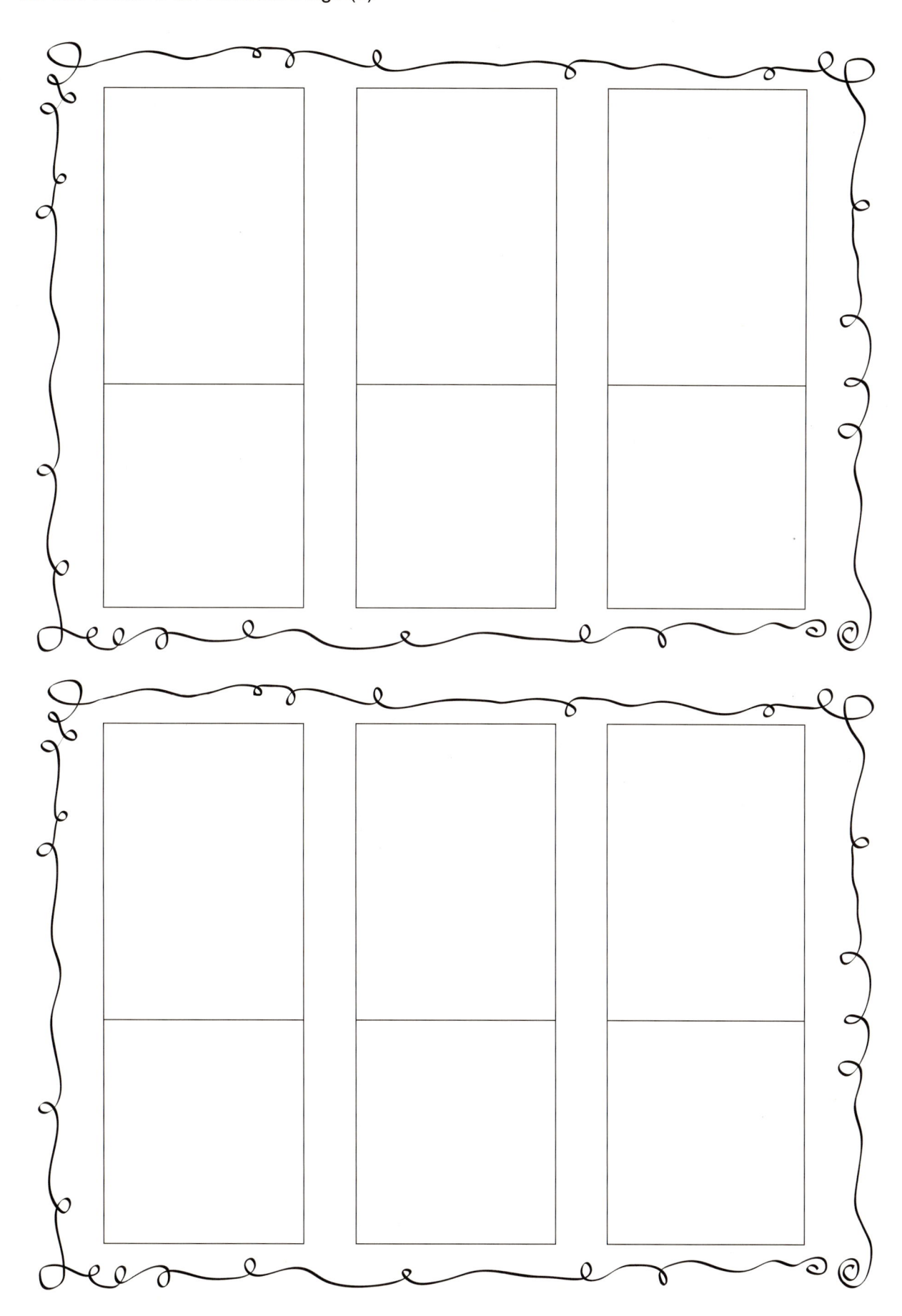

KV 26: Bilder für das „Lexikon der schönen Dinge"

KV 27: Reimgedicht

Der Ball ist rund.
Mein Hund ist gesund.

Im Garten ist eine Rose.
Wo ist meine Hose?

Ich finde sie nicht.
Und das ist ein Gedicht!

KV 28: Wörtersammlung „Meine Lieblingswörter der Woche"

Meine Lieblingswörter der Woche

KV 29: Lösungsblatt „Im Klassenzimmer"

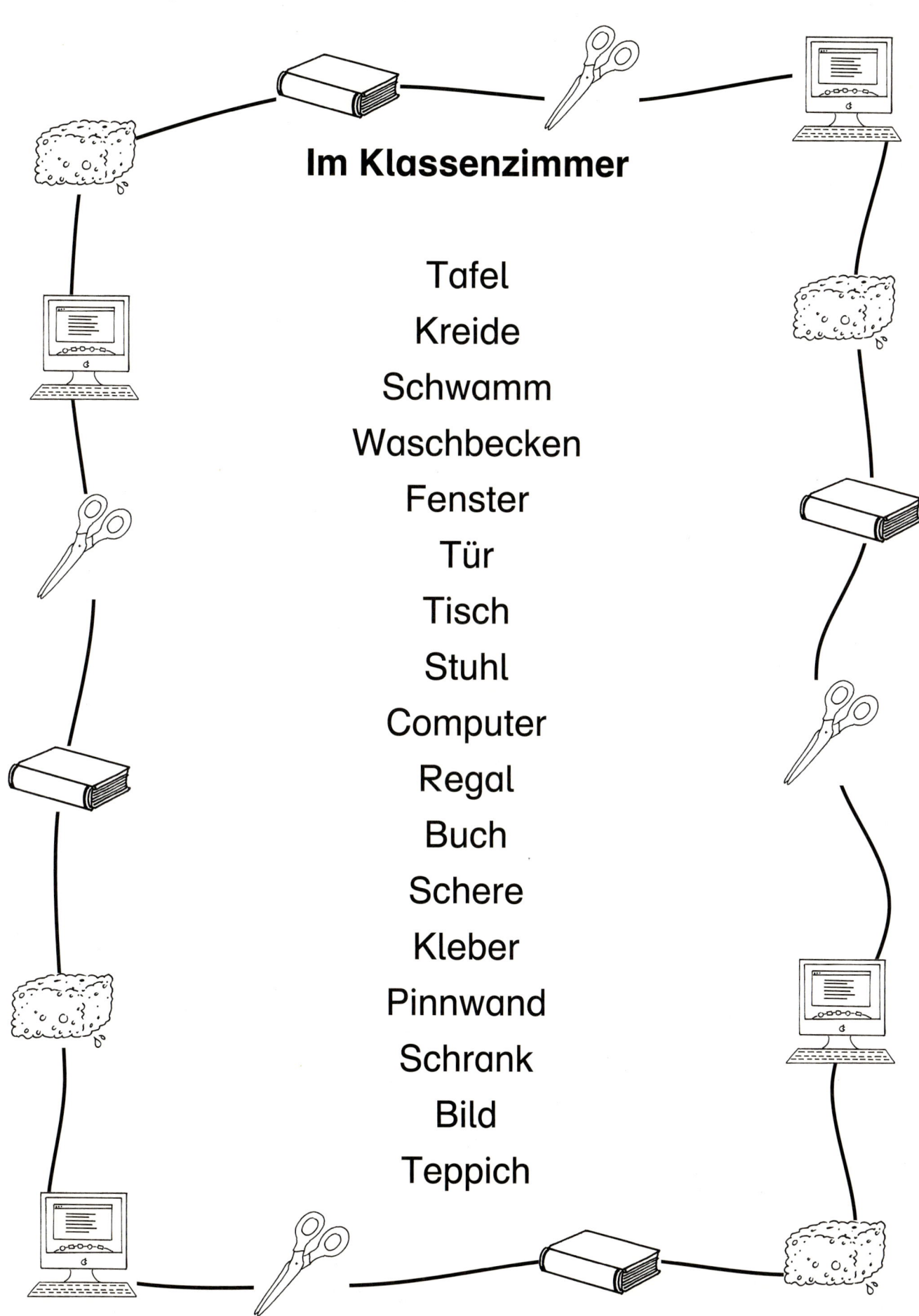

Im Klassenzimmer

Tafel
Kreide
Schwamm
Waschbecken
Fenster
Tür
Tisch
Stuhl
Computer
Regal
Buch
Schere
Kleber
Pinnwand
Schrank
Bild
Teppich

KV 32: Anleitung für ein Notarikon

So schreibst du ein Notarikon:

Schreibe ein Wort zu einem bestimmten
Thema in Großbuchstaben.

Suche zu jedem Buchstaben ein neues Wort,
das zum Thema passt.

Schreibe zu jedem neuen Wort einen Satz.

KV 33: Beispiel und Bauplan eines Elfchens

Hase

sitzt drin

im Sommerhaus drin

draußen ist es kalt

Winter

Bauplan für ein Elfchen:

1 Wort

2 Wörter

3 Wörter

4 Wörter

1 Wort

KV 35: Anleitung für ein Faltbuch

So stellst du ein Faltbuch her:

Falte ein Blatt Papier der Länge nach.
Klappe das Papier wieder auf.

Falte das Papier an der kurzen Seite.
Klappe es wieder auf.

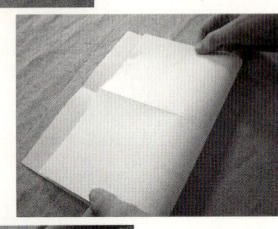

Falte von beiden kurzen Seiten zur Mitte.
Klappe das Blatt wieder auf.

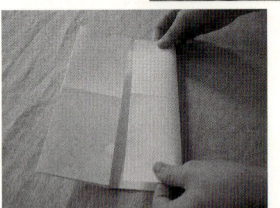

Falte das Blatt Papier noch einmal an der Faltkante der kurzen Seite (Ecke auf Ecke).

Schneide von der geschlossenen Seite her bis zur ersten Faltkante ein.
Klappe das Blatt wieder auf.

Falte das Blatt wieder der Länge nach.
Schiebe das Papier von beiden Seiten zur Mitte hin.

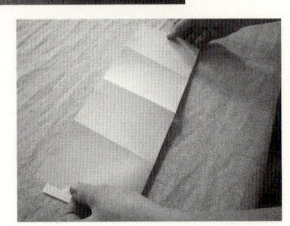

Nun entstehen vier Seiten, die du wie ein Buch zuklappen kannst.

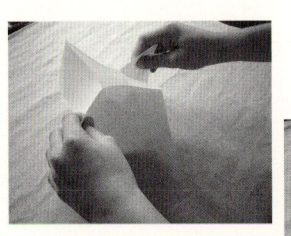

C. Kopiervorlagen

KV 36: Papierstreifen und Ummantelung für die „Geschichte in der Schachtel"

Papierstreifen (zwei Stück):   Ummantelung (vier Stück):

Literaturhinweise

In diesem Band verwendete Literatur:

- Grümmer, Gerhard (1988): Spielformen der Poesie, Leipzig: Bibliographisches Institut
- Montessori, Maria (2014): Kinder sind anders, Stuttgart: Klett-Cotta
- Müller, Armin (Hg.) (2000): Montessori Materialbuch: Sprache, Marktbreit: Verlag für Montessori-Materialien
- vom Scheidt, Jürgen (2006): Kreatives Schreiben – HyperWriting, München: Allitera
- Schumacher, Eva (Hg.) (2013): Mit Montessori Lesen und Schreiben lernen, Donauwörth: Auer
- Valtin, Renate (Hg.) (2000): Rechtschreiben lernen in den Klassen 1–6, Grundschulverband – Arbeitskreis Grundschule e.V.
- von Werder, Lutz (2007): Lehrbuch des Kreativen Schreibens, Wiesbaden: Marix

Bücher, die mich im Laufe meiner Berufsjahre geprägt haben und die in irgendeiner Form mit in dieses Buch eingeflossen sind:

- Beglinger, Martin/Largo, Remo H. (2009): Schülerjahre – Wie Kinder besser lernen, München/Zürich: Piper
- Kohl, Eva Maria (2005): Schreibspielräume, Seelze-Velber: Kallmeyer
- Kohl, Eva Maria (2006): Spielzeug Sprache – Ein Werkstattbuch, Weinheim/Basel: Beltz
- Montessori, Maria (2007): Das kreative Kind – Der absorbierende Geist, Freiburg: Herder
- Oswald, Paul/Schulz-Benesch, Günter (Hg.) (2012): Grundgedanken der Montessori-Pädagogik, Freiburg: Herder
- Schwegmann, Marjan (2002): Maria Montessori: Kind ihrer Zeit – Frau von Welt, Weinheim/Basel: Beltz

Außerdem haben Vorträge von Gerald Hüther und Manfred Spitzer, zahlreich geführte Diskussionen mit Kolleginnen und Kollegen, Freunden und Eltern in diesem Buch Spuren hinterlassen.

Danken möchte ich auch ausdrücklich meinen ehemaligen Schulleiterinnen Bettina Brückmann und Hildegard Lippert von der „Freien Montessori Schule Landau" und den ehemaligen Kolleginnen, die mich immer wieder zum Nach- und Weiterdenken angeregt haben.